西方生命美学经典名著导读丛书

潘知常
主编

超越之美与创生之乐

怀特海《思想方式》导读

车凤成
著

江苏凤凰文艺出版社

图书在版编目（CIP）数据

超越之美与创生之乐：怀特海《思想方式》导读 / 车凤成著. —南京：江苏凤凰文艺出版社，2023.10
（西方生命美学经典名著导读丛书）
ISBN 978-7-5594-7918-1

Ⅰ.①超⋯ Ⅱ.①车⋯ Ⅲ.①怀特海（Whitehead, Alfred North 1861—1947）-哲学思想-研究 Ⅳ.①B561.52

中国国家版本馆CIP数据核字(2023)第150245号

超越之美与创生之乐：
怀特海《思想方式》导读

车凤成著

出 版 人	张在健
责任编辑	孙金荣
责任印制	刘 巍
出版发行	江苏凤凰文艺出版社
	南京市中央路165号，邮编：210009
网　　址	http://www.jswenyi.com
印　　刷	江苏凤凰新华印务集团有限公司
开　　本	787毫米×1092毫米　1/32
印　　张	7.625
字　　数	132千字
版　　次	2023年10月第1版
印　　次	2023年10月第1次印刷
书　　号	ISBN 978-7-5594-7918-1
定　　价	45.00元

江苏凤凰文艺版图书凡印刷、装订错误，可向出版社调换，联系电话 025-83280257

"生命为体，中西为用"
——"西方生命美学经典名著导读丛书"序言

潘知常

众所周知，中国当代的生命美学是改革开放四十年中较早破土而出的美学新探索。从1985年开始，迄今已经是第三十六年，已经问世三分之一世纪。

但是，中国当代的生命美学却并不是天外来客、横空出世。我多次说过，在这方面，中国20世纪初年从王国维起步的包括鲁迅、宗白华、方东美、朱光潜在内的生命美学探索堪称最早的开拓，源远流长的中国古代美学则当属源头。同时，它与西方19世纪上半期到20世纪上半期出现的生命美学思潮，更无疑心有灵犀。遗憾的是，这一切却很少有学人去认真考察。例如，李泽厚先生就是几十年一贯制地开口闭口都把生命美学的"生命"贬为"动物的生命"。而且，作为中国当代最为著名的美学大家，后期的他尽管一直生活在美国，不屑于了解中国自古迄今的生命美学也就罢了，但是对于西方的生命美学也始终不屑去了解,实在令人惊叹。当然,这也并非孤例,例如,德国学者费迪南·费尔曼就发现:"就是在今天,生命哲学对许多人来说仍然是十分可疑的现象:最常听到的批判是生命哲学破坏理性,是非理性主义和早期法西斯主义。"①为此,他更不无痛心地警示:"如果到现在还有人这么想问题,应该说是故意抬高了精神的敌人。"②

一般而言,在西方,对于生命美学的提倡,最早的源头,也许可以追溯到奥古斯丁的《忏悔录》。而在18世纪下半叶,德国浪漫主义美学家奥古斯特·施莱格尔和弗里德里希·施莱格尔兄弟在《关于文学与艺术》和《关于诗的谈话》中则都已经用过"生命哲学"这个概念。而且,小施莱格尔在他的《关于生命哲学的三次讲演》中也提到了生命哲学。当然,按照西方美学史上的通用说法,在西方,到了19世纪上半期,生命美学才开始破土而出。不过,有人仅仅把西方的生命美学称为一个学派,其中包括狄尔泰、齐美尔、柏格森、奥伊肯、怀特海等人,或者,再加上叔本华和尼采。我的意见则完全不然。在我看来,与其把西方生命美学看作一个严格意义上的学派,不如把它看作一个宽泛意义上的思潮。这是因为,在形形色色

---

① [德]费迪南·费尔曼:《生命哲学》,李健鸣译,华夏出版社2002年版,第2页。
② [德]费迪南·费尔曼:《生命哲学》,李健鸣译,华夏出版社2002年版,第2页。

的西方各家各派里,某些明确提及生命美学的美学,其实也并不一定完全具备生命美学的根本特征,而有些并没有明确提及生命美学的美学,却恰恰完全具备了生命美学的根本特征。

这是因为,西方美学,到尼采为止,一共出现过三种美学追问方式:神性的、理性的和生命(感性)的。也就是说,西方曾经借助了三个角度追问审美与艺术的奥秘:以"神性"为视界、以"理性"为视界以及以"生命"为视界。正是从尼采开始,以"神性"为视界的美学终结了,以"理性"为视界的美学也终结了,而以"生命"为视界的美学则正式开始了。具体来说,在美学研究中,过去"至善目的"与神学目的都是理所当然的终点,道德神学与神学道德,以及理性主义的目的论与宗教神学的目的论则是其中的思想轨迹。美学家的工作,就是先以此为基础去解释生存的合理性,然后,再把审美与艺术作为这种解释的附庸,并且规范在神性世界、理性世界内,并赋予其不无屈辱的合法地位。理所当然的,是神学本质或者伦理本质牢牢地规范着审美与艺术的本质。显然,这都是一些神性思维或者"理性思维的英雄们",当然,也正如叔本华这个诚实的欧洲大男孩慨叹的:"最优秀的思想家在这块礁石上垮掉了。"[①] 然而,尼采却完全不同。正如巴雷特发

---

① [德]叔本华:《自然界中的意志》,任立等译,商务印书馆1997年版,第146页。

现:"既然诸神已经死去,人就走向了成熟的第一步。""人必须活着而不需要任何宗教的或形而上学的安慰。假若人类的命运肯定要成为无神的,那么,他尼采一定会被选为预言家,成为有勇气的不可缺少的榜样。"① 尼采指出:审美和艺术的理由再也不能在审美和艺术之外去寻找。这也就是说,神性与理性,过去都曾经一度作为审美与艺术得以存在的理由,可是现在不同了,尼采毅然决然地回到了审美与艺术本身,从审美与艺术本身去解释审美与艺术的合理性,并且把审美与艺术本身作为生命本身,或者,把生命本身看作审美与艺术本身,结论是:真正的审美与艺术就是生命本身。人之为人,以审美与艺术作为生存方式。"生命即审美","审美即生命"。也因此,审美和艺术不需要外在的理由——我说得犀利一点,并且也不需要实践的理由。审美就是审美的理由,艺术就是艺术的理由,犹如生命就是生命的理由。

于是,西方美学家们终于发现:天地人生,审美为大。审美与艺术,就是生命的必然与必需。在审美与艺术中,人类享受了生命,也生成了生命。这样一来,审美活动与生命自身的自组织、自协同的深层关系就被第一次发现了。因此,理所当然的是,传统的从神性、理性去解释审

---

① [美]巴雷特:《非理性的人》,杨照明等译,商务印书馆1999年版,第183页。

美与艺术的角度,也就被置换为从生命的角度。在这里,对于审美与艺术之谜的解答同时就是对于人的生命之谜的解答的觉察,回到生命也就是回到审美与艺术。生命因此而重建,美学也因此而重建。生命,是美学研究的"阿基米德点",是美学研究的"哥德巴赫猜想",也是美学研究的"金手指"。从生命出发,就有美学;不从生命出发,就没有美学。它意味着生命之为生命,其实也就是自鼓励、自反馈、自组织、自协同而已,不存在神性的遥控,也不存在理性的制约。美学之为美学,则无非是从生命的自鼓励、自反馈、自组织、自协同入手,为审美与艺术提供答案,也为生命本身提供答案。也许,这就是齐美尔为什么要以"生命"作为核心观念,去概括19世纪末以来的思想演进的深意:"在古希腊古典主义者看来,核心观念就是存在的观念,中世纪基督教取而代之,直接把上帝的概念作为全部现实的源泉和目的,文艺复兴以来,这种地位逐渐为自然的概念所占据,17世纪围绕着自然建立起了自己的观念,这在当时实际上是唯一有效的观念。直到这个时代的末期,自我、灵魂的个性才作为一个新的核心观念而出现。不管19世纪的理性主义运动多么丰富多彩,也还是没有发展出一种综合的核心概念。只是到了这个世纪的末叶,一个新的概念才出现:生命的概念被提高到了中心地位,其中关于实在的观念已经同形而上学、心理学、伦理学和美学价值联系起来了。"①

波普尔说过："我们之中的大多数人不了解在知识前沿发生了什么。"②同样,在我看来,"我们之中的大多数人"也不了解在当代美学研究"知识前沿发生了什么"。可是,倘若从生命美学思潮着眼,却不难发现,在"尼采以后",西方美学始终都在沿袭着"生命"这一主旋律。例如,柏格森、狄尔泰、怀特海等是把美学从生命拓展得更加"顶天";弗洛伊德、荣格等是把美学从生命拓展得更加"立地";海德格尔、萨特、舍勒等是把美学从生命拓展得更加"内向";马尔库塞、阿多诺等是把美学从生命拓展得更加"外向";后现代主义的美学则是把美学从生命拓展得更加"身体"。而且,其中还一以贯之了共同的东西,这就是:从生命存在本身出发而不是从理性或者神性出发去阐释生命存在的意义,并且以审美与艺术作为生命存在的最高境界;或者,把生命还原为审美与艺术,并且进而在此基础上追问生命存在的意义。而在他们之后,诸如贝尔的艺术论、新批评的文本理论、完形心理学美学、卡西尔和苏珊·朗格的符号美学……也都无法离开这一主旋律。而且,正是因为对于这一主旋律的发现才导致

---

① [德]西美尔(齐美尔):《现代文化的冲突》,引自刘小枫编:《现代性中的审美精神》,学林出版社1997年版,第418—419页。
② [英]波普尔:《客观知识》,舒炜光等译,上海译文出版社1987年版,第102页。

了对于审美活动的全新内涵的发现,尤其是对于审美活动的独立性内涵的发现。不可想象,倘若没有这一主旋律的发现,艺术的、形式的发现会从何而来。例如,从美术的角度考察的"有意味的形式",从文学的角度考察的新批评,从形式的表现属性的角度考察的格式塔,从广义的角度即抽象美感与抽象对象考察的符号学美学……

再回看中国。自古以来,儒家有"爱生",道家有"养生",墨家有"利生",佛家有"护生",这是为人们所熟知的。牟宗三在《中国哲学的特质》一书中也指出:"中国哲学以'生命'为中心。儒道两家是中国所固有的。后来加上佛教,亦还是如此。儒释道三教是讲中国哲学所必须首先注意与了解的。二千多年来的发展,中国文化生命的最高层心灵,都是集中在这里表现。对于这方面没有兴趣,便不必讲中国哲学。对于以'生命'为中心的学问没有相应的心灵,当然亦不会了解中国哲学。"也因此,一种有机论的而不是机械论的生命观、非决定论的而不是决定论的生命观,就成为中国人的必然选择。在其中,存在着的是以生命为美,是向美而生,也是因美而在。在中国是没有创世神话的,无非是宇宙天地与人的"块然自生"。一方面,是天地自然生天生地生物的一种自生成、自组织能力,所谓"万类霜天竞自由",另一方面,也是人类对于天地自然生天生地生物的一种自生成、自组织能力的自觉,也就是能够以"仁"为"天地万物之心"。而且,这自觉是在生生世世、永生永远以及有前生、今生、来生看到的万事万物的生生不已与逝逝不已所萌发的"继之者善也,成之者性也""参天地、赞化育"的生命责任,并且不辞以践行这一责任为"仁爱",为终生之旨归,为最高的善,为"天地大美"。这就是所谓"一阴一阳之谓道"。重要的不是"人化自然"的"我生",而是生态平衡的"共生",是"阴阳相生""天地与我并生,而万物与我为一",是敬畏自然、呵护自然,是守于自由而让他物自由。《论语》有言:"子罕言利,与命与仁"。在此,我们也可以变通一下:罕言利,与"生"与"仁"。在中国,宇宙天地与人融合统会为了一个巨大的生命有机体。而天人之所以可以合一,则是因为"生"与"仁"在背后遥相呼应。而且,"生"必然包含着"仁"。生即仁,仁即生。

由此不难想到,海德格尔晚年在回首自己的毕生工作时,曾经简明扼要地总结说:"主要就只是诠释西方哲学。"确实,这就是海德格尔。尽管他是从对西方哲学提出根本疑问来开始自己的独创性的工作的,然而,他的可贵却并不在于推翻了西方哲学,而是恰恰在于以之作为一种极为丰富的精神资源,从而重新阐释西方哲学、复活西方哲学,并且赋予西方哲学以新的生命。显然,中国美学,也同样期待着"诠释"。作为一个内蕴丰富的文本(不只是文献),事实上,中国美学也是一种极为丰富的精神资源,不但千百年来从未枯竭,而且越开掘就越丰富。因此,越是能够回到中国美学的历史源头,就越是能够进入人类的当代世界;越是能够深入中国美学之中,也就越是能够切近20世纪的美学心灵。这样,不难看到,重新阐释中国美学,复活中国美学,并且赋予中国美学以新的生命,或者说,"主要就只是诠释中国美学",无疑也应成为从20世纪初年出发的几代美学学者的根本追求,其重大意义与学术价值,显然无论怎样估价也不会过高。

然而,中国美学的现代诠释,也有其特定的阐释背景。经过百年来的艰难探索,美学学者应该说已经取得了一个共识,这就是:中国美学的历史实际上是一部与后人不断"对话"的历史,一部永无终结的被再"阐释"、再"释义"和再"赋义"的历史。而20世纪的一代又一代的美学学人的"不幸"与"大幸"却又都恰恰在于:西方生命美学思潮的作为诠释背景的出现。一方面,我们已经无法在无视西方生命美学思潮这一诠释背景的前提下与中国美学传统对话,这是我们的"不幸";然而另一方面,我们却又有可能在西方生命美学思潮的诠释背景下与中国美学进行新的对话,有可能通过西方生命美学思潮对中国美学进行再"阐释"、再"释义"和再"赋义"(当然也可以通过中国美学对西方生命美学思潮进行再"阐释"、再"释义"和再"赋义"),从而把中国美学在过去的阐释背景中所无法显现出来的那些新性质充分显现出来,最终围绕着把中国美学与西方美学都共同带入富有成果的相互启发之中这一神圣目标,使中国美学从蒙蔽走向澄明,走向意义彰显和自我启迪,并且使其自身不断向未来敞开,达到古今中外的"视界融合",从而把握今天的时代问题,解释人类的当代世界,这,又是我们的"大幸"!

由此出发,回顾20世纪,其中以西方生命美学思潮作为参照背景对中国美学予以现代诠释,应该说,就是一个最为值得关注而且颇值大力开拓的思路。何况,从王国维到鲁迅、宗白华、方东美,再到当代的众多学人,无疑也都走在这样一条思想的道路之上。他们都是从生命存在本身出发而不是从理性或者神性出发去阐释生命存在的意义,并且以审美与艺术作为生命存在的最高境界;或者,都是把生命还原为审美与艺术,并且进而在此基础上追问生命存在的意义。也因此,他们也都是不约而同地一方面立足于中国古代的生命美学,一方面从西方的生命美学思潮起步。至于朱光潜,在晚年时则曾经公开痛悔,因为他的起步本来就是从叔本华、尼采开始的,但是,后来却因为胆怯,于是才转向了克罗齐。由此,我甚至愿意设想,以朱先生的天赋与造诣,如果始终坚持一开始的选择,不是悄然退却,而是持续从叔本华、尼采奋力开拓,他的美学成就无疑应该会更大。

换言之,"后世相知或有缘"(陈寅恪),"生命为体,中西为用",在中国当代美学的历史抉择中,也就理所当然地成了一条首先亟待考虑的康庄大道。西方生命美学思潮,是西方美学传统的终点,又是西方现代美学的真正起点,既代表着对西方美学传统的彻底反叛,又代表着对中国美学传统的历史回应,这显然就为中西美学间的历史性的邂逅提供了一个契机。抓住这样一个契机——中国美学在新世纪获得新生的一个契机,无疑有助于我们真正理解西方美学传统,也无疑有助于我们真正理解中国美学传统,更无疑有助于我们真正地实现中西美学之间的对话,从而在对话中重建中国美学传统。同时,之所以提出这一课题,还无疑是有鉴于一种对于学术研究自身的深刻反省。学术研究之为学术研究,重要的不仅仅在于要有所为,而且更在于要有所不为。每个时代、每个人都面对着历史的机遇,但是同时也面对着历史的局限,因此,也就都只能执"一管以窥天"。这样,重要的就不是"包打天下",而是敏捷地寻找到自己所最为擅长的"一管",当然也是最为重要的"一管"。西方生命美学思潮的作为阐释背景的出现,应该说,就是这样的"一管"(尽管,这或许是前一百年无法去执而后一百年也许就不必再去执的"一管"),也是我们在跨入新世纪之后所亟待关注的"一管"。这就犹如中国人接受佛教思想的影响,犹如吃了一顿美餐,而且这顿美餐被中国人竟然吃了一千多年之久。其中,最为重要的成果则是佛教思想中的大乘中观学说在中国开出的华严、天台、禅宗等美丽的思想之花。因此,在比拟的意义上,我们甚至可以说,西方生命美学思潮就正是当代的大乘中观学说,也正是悟入中国思想与西方思想之津梁。

这样一来,对于西方生命美学思潮的深入了解,也就成了当务之急。而且,"生命为体,中西为用",进而言之,中国生命美学传统与西方生命美学思潮之间的对话,在我看来,起码就包括三个层面。首先是对于西方生命美学思潮与中国生命美学传统之间的内在的交汇、融合、沟通加以历史的考察,亟待说明的是:在明显不同的社会历史、文化传统、思想历程中,西方生命美学思潮何以呈现出与中国生命美学传统的某种极为深刻的内在的交汇、融合、沟通?其次是对于西方生命美学思潮与中国生命美学传统之间的内在的交汇、融合、沟通加以比较的研究,从而把中国生命美学传统与西方生命美学思潮各自在过去的阐释背景中所无法显现出来的那些新性质充分显现出来,做到:借异质的反照以识其本相,并彰显其独特之处。最后是对于西方生命美学思潮与中国生命美学传统之间的内在的交汇、融合、沟通加以理论的考察,并由此入手,去寻求中西美学会通的新的可能性和新的道路,从而深化对于中国美学和西方美学的理解,达到古今中外的"视界融合",以把握今天的时代问题,解释我们的世界,为解决当代美学所面临的共同问题做出独特贡献。

"西方生命美学经典名著导读丛书"的出版之初衷也正是如此!

中国生命美学传统与西方生命美学思潮之间的对话无疑是一个大工程,非一日之功,也不可能毕其功于一役。为此,作为基础性的工程,我们所选择的第一步,是出版"西方生命美学经典名著导读丛书"。这是因为,只有经典名著,才是美学研究中的"热核反应堆",也只有经典名著的学习,才是美学研究中的硬功夫。这就正如费尔巴哈所说:人就是他吃的东西。因此,每个人明天所成为的,其实也就是他今天所吃下的。也犹如布罗姆所说:莎士比亚与经典一起塑造了我们。借助经典名著,中国的美学与西方美学也在一起塑造着我们。它们凝聚而成了我们的美学家谱与心灵密码。在此意义上,任何一个美学学人都只有进入经典名著,才有机会真正生活在历史里,历史也才真正存在于我们的生活里,未来也才向我们走来。

我们的具体的做法,则是选取西方的二十位与西方的生命美学思潮直接相关的著名美学家的经典名著,再聘请国内的二十位对于相关的名家名著素有研究的美学专家,为每一部经典名著都精心撰写一部学术性的导读。我们期待,这些美学专家的"导读",能够还原其中的所思所想、原汁原味,能够呈现其中的深度、厚度、广度和温度,并且希望能够跟读者一起去关注这些西方的生命美学经典名著怎样提出问题(美学的根本视界,所谓美学的根本规定)、怎样思考问题(美学的思维模式,所谓美学的心理规定)、怎样规定问题(美学的特定范式,所谓美学的逻辑规定)、怎样解决问题(美学的学科形态,所谓美学的构成规定),也希望能够跟读者一起去关注这些西方的生命美学经典名著是如何去表述自己的问题、如何去论证自己的思考,乃至其中的论证理由是否得当、论证结构是否合理,当然,也还希望跟读者一起去关注这些西方的生命美学经典名著中所蕴含的思想与创见,以及这些思想与创见的价值在当今安在。从而,推动着我们当代的生命美学研究能够真正将自己的思考汇入到人类智慧之流,并且能够做出自己的真正的独创。毕竟,就这些生命美学经典名著本身而言,它们都是所谓的问题之书,也是亘古以来的生命省察的继续。也许,在它们问世和思想的年代,属于它们的时代可能还没有到来。它们杀死了上帝,但却并非恶魔;它们阻击了理性,但也并非另类。它们都是偶像破坏者,但是破坏的目的却并不是希图让自己成为新的偶像。它们无非当时的最最真实的思想,也无非新时代的早产儿。它们给西方传统美学带来的,是前所未有的战栗。在它们看来,敌视生命的西方传统美学已经把生命的源头弄脏了,恢复美学曾经失去了的生命,正是它们的天命。也因此,我们或许可以恰如其分地称它们为:现代美学的真正的诞生地和秘密。在上帝与理性之后,再也没有了救世主,人类将如何自救?既然不再以上帝为本,也不再以理性为本,以人为本的美学也就势必登场。这意味着从"理性的批判"到"文化的批判",也从"纯粹理性批判"到"纯粹非理性批判",显然,这些生命美学经典名著提供的就是这样的一种全新的美学,它们推动着我们去重新构架我们的生命准则,也推动着我们去重新定义我们的审美与艺术。

需要说明的是,长期以来,我们的西方美学研究往往是教材式的、通论式的、概论式的,当然,这对于亟待了解西方美学发展进程的中国当代美学学人来说,也是必要的,但是,其中也难免存在着"几滴牛奶加一杯清水"或者三分材料加七分臆测的困境,更每每事先就潜存着"预设的结论",更不要说那种"狗熊掰棒子,掰一个丢一个"的研究路数或者那种为研究而研究、为课题而研究的研究路数了,那其实已经是学界之耻。至于其中的根本病症,则在于忘记了或者根本就不知道西方美学研究首先要去做的必须是"依语以明义",然后,才能够"依义不依语",也因此,长期以来,我们的西方美学研究往往进入不了美学基本理论研究的视野,也无法为美学基本理论研究提供应有的支持。因为我们的西方美学研究与我们的美学基本理论研究基本上就是完全不相关的两张皮,也是两股道上跑的车。这一点,在长期的美学基本理论研究工作中,我有着深刻的体会。值得期待的是,从西方生命美学思潮的经典名著本身的阅读、研读、精读开始,而不是从关于西方生命美学思潮的经典名著的种种通论、概论开始,从"依语以明义"开始,而不是从"依义不依语"开始,也许是一个令人欣慰的尝试。维特根斯坦曾经提示我们:"我发现,在探讨哲理时不断变换姿势很重要,这样可以避免一只脚因站立太久而僵硬。"在此,我们也可以把它作为在美学研究中"不断变换姿势很重要"的一次努力,也作为意在"避免一只脚因站立太久而僵硬"的一次努力。

"生命为体,中西为用"！在未来的中国当代美学探索中,请允许我们谨以"西方生命美学经典名著导读丛书"的出版去致敬中国当代美学的未来！

是为序！

2021.6.14,端午节,南京卧龙湖,明庐

目　录

绪论　作为精神科学的怀特海哲学综述 …………… 1
第一章　怀特海哲学建设性内涵与生命哲学 ………… 15
　第一节　怀特海哲学建设性内涵 …………………… 15
　　1.1　怀特海时代西方哲学基本境遇 ……………… 15
　　1.2　怀特海基本诊断:自然科学并非价值无涉
　　　………………………………………………… 25
　　1.3　哲学基本问题:有无、善恶与美丑 ………… 31
　第二节　生命哲学:从柏格森、狄尔泰到怀特海
　　………………………………………………… 42
　　1.1　柏格森:生命、绵延与完善 ………………… 42
　　1.2　狄尔泰:生活整体、总体性与精神科学 …… 50
　　1.3　怀特海:对"循环阐释"的积极使用 ………… 56
第二章　怀特海哲学逻辑架构与自然哲学 …………… 66
　第一节　怀特海哲学逻辑架构 ……………………… 66
　　1.1　形而上学-宇宙学逻辑 ……………………… 68
　　1.2　历史性-经验过程逻辑 ……………………… 77
　　1.3　实践性-元伦理逻辑 ………………………… 82

1

第二节　怀特海自然哲学 ········· 90
1.1　科学唯物论批判 ········· 92
1.2　流程、事件与创造性进展 ········· 96
1.3　"契入-事件/对象"关系辩证 ········· 106

第三章　机体哲学与宇宙协同性 ········· 118
第一节　价值形而上学与宇宙协同性 ········· 118
1.1　上帝、创造性与价值形而上学 ········· 123
1.2　宇宙/经验总体、合生与"宇宙协同性" ··· 130
1.3　"神学-哲学-美学"演化过程 ········· 140
第二节　怀特海生命解释学要义 ········· 151
1.1　怀特海整全生命观 ········· 152
1.2　世界观类型与差异化经验共在 ········· 160
1.3　生命解释学与公共阐释 ········· 168

第四章　《思想方式》与共同体意识 ········· 175
第一节　意义、理解与表达 ········· 175
1.1　怀特海语言观：从理解到表达 ········· 176
1.2　意义与内在关系 ········· 185
1.3　从公共阐释到文明化宇宙 ········· 191
第二节　联结、过程形式与生命共同体 ········· 194
1.1　联结与过程形式 ········· 194
1.2　包容与生命共同体 ········· 202
1.3　死亡与不朽 ········· 207

后记 ········· 217

绪论　作为精神科学的
　　　　怀特海哲学综述

立足后现代历史视野反思怀特海(1861—1947)哲学建构与其所处时代西方哲学发展状况间的关系,可发现以"建设性后现代主义"为其基本立场的怀特海哲学体现出对自然科学与精神科学①间关系及精神科学不同方向"哲

---

① 使用"精神科学"而不使用"人文或社会科学"是因以建设性为主要目的的怀特海哲学是对西方主体性哲学的批判性超越,其批判目的首先指向因"事实/价值"分离而使社会科学研究呈现出自然科学化趋势,并在人的形象被歪曲的同时使科学与现实人生相疏离,进而使生活经验或精神的丰富性被遗忘,最终生成胡塞尔所谓"现代科学危机",本质是西方文明内在危机。其次,该批判则指向弥漫于欧洲社会科学中的"欧洲中心论"思维定式。"社会科学是现代世界体系的产物,而欧洲中心主义是现代世界地缘文化的构成要素。我们在这里所用的'欧洲'一词,与其说是地图用语,不如说是文化用语。……甚至到今日,尽管社会科学作为一种活动遍及全球,全世界社会科学家大多数仍是欧洲人。在欧洲支配这个世界体系的历史时刻,社会科学为回答欧洲的问题而兴起。社会科学既然是在这个熔炉里面形成的,它在选题、推理、方法论和认识论都反映这个熔炉的局限,这几乎是不可避免的。但是,自从1945年

以来,亚洲及非洲的非殖民化,以及欧洲以外世界各地明显强化的政治觉悟,对于知识世界造成的影响正像对于世界体系之政治造成的影响一样大。……迄今至少约三十年以来,一个主要的这种变化就是社会科学之'欧洲中心论'遭到抨击,……这种抨击基本上是有道理的;而且无可置疑,如果社会科学要在21世纪取得任何进步,它必须克服业已扭曲其处理当代世界之问题的分析能力的欧洲中心论传统。"(伊曼纽尔·沃勒斯坦:《所知世界的终结:二十一世纪的社会科学》,冯炳昆译,社会科学文献出版社2003年版,第183—184页)根据沃勒斯坦,欧洲社会科学建制化与西方现代世界体系在全球地缘政治演化态势中支配性地位的获取是相互支撑的;同时社会科学领域"欧洲中心论"的形成也使与欧洲社会科学相关的欧洲人文科学领域论题及其方法论被中心化,而非欧洲且同样具有深厚历史人文传统的东方社会及其历史文化传统则被边缘化,这就使西方文明在保持全球地缘霸权的同时也在人文社会科学领域保持着话语优势,进而使西方-东方文明关系过程呈现出"中心-边缘/本体-现象"二元倾向,西方人文社会科学标准在历史地成为东方社会人文社会科学标准的同时,也使东方社会文化传统降级成为西方人文社会科学理念"合法化论证"所需的历史资料,而人文科学学科逻辑展开所需之"本体与方法"相互阐释的本质要求则失其自明性,其终极要素即源自西方文明"精神世界"的彻底封闭,而包括怀特海在内的西方学者对于欧洲中心论的批判性超越意味着"精神科学"对于现代"社会科学"的超越。怀特海认为精神的功能在于其超越性协调,而欧洲社会科学的建制化意味着以中介为其主要功能的"精神"被本体化,因此"精神科学"的可能即精神自身"超越性"的不断生成,缺乏超越性,精神自身将不断走向封闭,而其协调性功能则自动丧失。怀特海《思维方式》在论及"精神"作用时,其英文表述为:We have now the task

学、神学与美学"间关系的新思考。一定哲学建构既是对所处时代精神状况的回应,也会对时代精神结构之未来

---

of defining natural facts, so as to understand how mental occurrences are operative in conditioning the subsequent course of nature. (1938 The Macmillan Company, p214)代表性汉译为:(1)"我们现在的主要任务是要定义自然事实,以便理解心灵事件在调节自然的接续过程中是如何起作用的。"(华夏出版社1998年版,第138页)(2)"我们现在的任务是界定自然界的各类因素,以了解精神存在……在限定其后的自然过程中是如何发挥作用的。"([英]怀特海:《思维的方式》,赵红译,新华出版社2018年版,第200—201页)(3)"我们有这样一个任务,即解释自然事实,以便理解精神事件是如何发生作用制约其后的自然进程的。"([美]约翰·布坎南:《万物有情论:怀特海与心理学》,陈英敏等译,北京大学出版社2017年版,第8页)在怀特海生命美学展开过程中,精神之协调作用在于对"神学、哲学与美学"等精神科学不同领域间关系的协调,即精神自身在自我超越过程中呈现为其具体型态"神学、哲学与美学"互动及因此而逻辑地生成的"神学哲学化"及"哲学美学化"转化过程,也即作为精神具化之不同观念类型间相互替补而生成的历史化进程。怀特海认为没有精神的冒险与思想的探索,那么文明的生命力就会衰落。这一点也为马克思所认可,因为"马克思作为现代思想家、怀特海作为建设性后现代哲学的奠基者,他们目睹了现代生活的危机与困境,都自觉地进行现代性批判,进而使其哲学范式发生根本性转换,即终结实体论形而上学,其哲学的理论旨趣从拯救知识,转到拯救实践上来,以重建现代性或走向建设性后现代。因此,他们都关注过属于人的精神生活的缺场问题,并努力寻求如何使精神实践回归人自身的精神在场,只不过怀特海还把精神生活赋予包括人在内的万事万物。"(张秀华:《马克思与怀特海的精神实践之比较》,载《理论探讨》2017年第1期。)

发展提供观念方面的引领。自然科学领域的创新必然会引起精神科学领域研究范式的相应转型,怀特海哲学建构也深受自然科学影响:其中爱因斯坦(1879—1955)相对论在超越牛顿"绝对时空观"的同时揭示了时空的相对性特征,相对论证明我们的经验有可能改变经验赖以生成的时空条件,这导致时空失去其绝对的形式特征而演化为与经验流动性特征相匹配的相对性与派生性存在;立足玻尔(1885—1962)量子力学,可发现宏观与微观层面同时性存在的宇宙成为能量活动场,微观层次上的宇宙流变即能量转换,而能量汇聚与转换过程①则使宏观宇

---

① 此处涉及"熵律"即热力学第一/第二定律相互关系的理解。第一定律即能量守恒定律:能量既不会凭空产生,也不会凭空消失,它只能从一种形式转化为其他形式,或者从一个物体转移到另一个物体,而无论处于转化还是转移过程,能量总量保持不变。不过对于能量是否可自动转换及转换到何种程度的问题还需由第二定律予以阐明。热力学第二定律认为:不可能把热从低温物体传到高温物体而不产生其他影响,也不可能从单一热源使之完全转化为有用的功而不产生其他影响,不可逆热力过程中熵的微增量总是大于零,这个不可逆过程的初态和终态是有差异的,表征这个差异的函数就是熵,"熵"即用来衡量热力学系统中有序转化为无序状态程度的重要参数。由自然科学而哲学社会科学,就会理解到宇宙空间中能源资源是有限的,而熵增是自然界发展的必然趋势,人类社会发展就是从有序到无序,逐渐走向热寂的过程。薛定谔据此在《生命是什么》(1944 年)中提出生命为维持有机体的存在就必须不断从环境中吸取负熵,才能维持生命的有序性。(具体参见刘燕:《从哲学范畴论证社会科学之熵》,载《云南社会科学》2014 年第 2 期。)

宙历史化为一个永恒流动、生生不息的生命流程,过程哲学深以为然,"现代历史哲学将历史看作是一个包含人类以往各种活动的总体和事件的过程,以及对其进行的描述和说明,将历史过程作为一种整体来加以把握,这与过程哲学所推崇的整体性不谋而合。"①怀特海哲学既沿袭了英国经验主义传统,也延续了欧陆形而上学对"存在论"问题的关注,这就使怀特海哲学呈现出"价值-经验形而上学"的独有特征。"所有现代的科学工作都取决于那样一绝对预设,即自然是单一的以及科学是单一的;自然中的不同领域部分地是由绝对同一的一套编码所控制的,即数学法则,部分地是由特殊的编码所控制的,那些编码彼此之间并没有根本的差别,只是通过类比和相似性连接在一起的,它们可以被看做法则在局部的诸多变化,这些变化仍然可以被称为自然的法则;同时研究不同的自然领域的不同的科学并不是独立的科学,而只是同一个事物的变化而已,我们用自然科学的单独的名称来称那一单独的事物。"②自然世界"先天统一性"决定了"自然科学"所涵盖不同学科"形态"方面的类比可能与"功能"相关性,这一点也影响到人文社会科学不同领域间的关系,

---

① 刘红琳:《怀特海与亚里士多德的宇宙论比较研究》,载《世界哲学》2012 第 6 期。
② 柯林伍德:《形而上学论》,宫睿译,北京大学出版社 2007 年版,第 157 页。

而"要对自然科学影响社会科学的各种方式进行比较和评价,至少需要一种关于互动的粗略的类型学。……区分隐喻(metaphor)与类比(analogy)和同源(homology)……不无裨益。隐喻的使用也许蕴含着价值的转移……类比蕴含着功能上的相似性……就像用万有引力定律来组织地界和天界的力学现象一样;而同源则蕴含着形态或结构的同一性。"[1]怀特海哲学活动从早期涉足数学领域开始,逐渐进入自然科学及精神科学等不同领域,与柏格森以及狄尔泰等在主题方面的相关性使怀特海"价值形而上学"话语使用在功能方面与狄尔泰"精神科学"具备功能相似性,这也使含纳于其价值形而上学体系中的神学[2]、哲学

---

[1] 科恩:《自然科学与社会科学的互动》,张卜天译,商务印书馆2016年版,第6页。

[2] 怀特海关于神学及上帝的思考是在后现代历史语境中展开的。"对后现代神学家而言,并不存在关于神学是否以及如何可能的一般问题……也毋需回答'上帝这个词是否有所指?'的问题。这个问题应该换成'我们的上帝究竟是怎样的?'……问题毋宁是:'是否有很好的理由成为一名基督徒,奉行这样一种生活方式?'这既是一个道德问题,也是一个认识论问题。"(范胡泽编:《后现代神学》,高喆译,上海人民出版社2014年版,第42—43页。)所谓"道德问题"即基督神学关于"罪及救赎"的基本教义是否依然具备合理性问题,及若该合理性得到认可,那么其教义及相关实践是否具备全球普适问题。而"认识论问题"是"道德问题"的逻辑延伸,立足后现代历史语境,"基督神学"的普世化企图以服务于西方文明的全球拓殖为最终目标,本质上说,"基督神学"只是地方性知识传统,并不具备全球普适的历史前提。

及美学等不同领域间呈现出功能方面的相关性。

理论上看,不同学科只是立足差异视角从精神层面切近"宇宙总体"的不同路径而已,彼此间地位平等,且相互补充,从而使"宇宙总体"与"经验总体"在推动"价值生成"方面呈现出相互阐释关系:"人类现在正处于罕见的世界观的转变之中,仅仅传统的强制力已失去了力量。我们……所要做的是重新创造和重新设计关于这一世界的观点,它包括尊重和秩序的要素,并充分渗透着坚定的理性,没有这些,社会便陷入混乱。"[1]怀特海哲学世界观演化离不开"形而上学"与"宇宙学"间互动,而"宇宙学"议题设定必然涉及神学思辨,"希伯来人认为,上帝是从外部一次性地创造了世界。这是错误的观念,……他能够预觇一切,却又使得世界充斥着一切缺陷,而要派遣他唯一的儿子来到世间尝受折磨,饿死以资救赎……真是荒谬绝伦[2]。

---

[1] 怀特海:《观念的历险》,洪伟译,上海译文出版社2013年版,第94页。
[2] 在以怀特海哲学思想为背景而生成的过程神学中,关于神及其存在的理解已发生重大变革。"第一,神既非远离世界,也非不受世界所牵涉,神与世界是相互依赖的。……第二,神在这个世界的作为,主要是借说服而非强制。虽然神提供诱因,但是每个机缘都有权选择接受或拒绝,……信仰是相互的。世界必须相信神会为它提供努力的目标,而神也必须相信世界会达成他的目标。第三,我们不能把神看作是全能者,而要看他是与世界一同受苦者。怀特海拒绝传统将神当作神圣专制君王的看法,……神跟人一样,他所

反观希腊人的宗教思想则较为合理。希腊人认为创造是在每个地方每个时间不停进行的。……他们把超自然的人格拟人化,而且有好坏之分,这也是正确的。因为不论我们是否将人格赋予这两种好的与坏的势力,它们终归是存在于我们眼前。宇宙间确有一股要产生有价值的东西的趋势……这种趋势又绝非畅行无阻,问题就在于宇宙间又总是存在着阻挡它的势力。"[1]"创造性"是宇宙间能量转化与守恒定律运化使然,并没有道德方面的考量;但"创造性"与生命体的相关却主要与个体"受能-赋能"过程相关,怀特海"本体论原理"要求每个生命体在因现实机缘而生成的"受能-赋能"关系过程中是平等的,但因不同现实实有因所处"位态"差异而在能量转化方面存在差异,进而导致不同部落或种群利益生成利益纷争而导致宇宙运化过程存在"衰退式进化"可能,"相关性原理"却认识到所有实有都处于先天的相互依赖关系中,这就使"协同进化"成为一种伦理方面的必然选择,这就要求人类破除已然形成的有悖于"协同进化"思维定势及相应行为范式,也必然要求对部落或种群思维形态予以批判性

知道的未来不过是可能的未来,绝不是真确的未来。"(葛伦斯、奥尔森:《二十世纪神学评介》,刘良淑、任孝琦译,上海三联书店2014年版,第176—177页。)

[1] 怀特海:《怀特海文录》,刘明等编译,浙江文艺出版社1999年版,第318页。

超越,而怀特海过程哲学"永恒客体"理论就是对传统形而上学"二元论"方法论的超越,目的是实现向哲学本体论的回归,即作为哲学本体的存在是生成中的存在,没有什么存在者是独立自存的,所有存在者都处于相互依存关系状态,这也意味着亚里士多德形而上学"实体-属性"关系的预设是相对的,"亚里士多德'主词-宾辞'……事先假定了各种主辞受到自身宾辞限制的形而上学理论,这就是认为主体具有其自身的经验世界的理论。……承认这一点……就无法逃脱唯我主义了。问题在于'主-客'一辞表示着客体下的一种基本实有,……在认识的经验中所显示出来的基本情形则是'客体中的我-客关系'。这就是说基本事实是超越于'现时-此处'和'现时'之上的不偏不倚的世界。所谓'现时-此处'标志着我-客关系,而'现时'则是同时体现的空间世界。这一世界还包括着过去的现实、未来的有限潜能、抽象潜能的整个领域、永恒客体的领域等。永恒客体的领域超越于实际体现过程之上,实现于实际体现过程之中,而且和实际体现过程互相对证。"[①]所谓"客体中的我-客关系"正是"宇宙总体"在其宏观-微观层面运化过程中因"现实机缘"而使事件-对象进入具体"现时-此处"之时空组合体而已,随着当下主体摄入过程的

---

① 怀特海:《科学与近代世界》,何钦译,商务印书馆 1959 年版,第 145 页。

完成,处于"现时-此处"的现实实有就作为潜能"客体化"于同一的现实实有的后续摄入过程,而这种摄入及随后客体化进程将伴随实有"生命过程"始终。

这就说明由"永恒客体"所构成的是个抽象的世界,属于"可能性的领域,它们脱离了现实的事件流,只有当它们进入'时-空流'之后组合起来,才能成为具体的显相,即现实的事态。……'永恒客体'只是逻辑上的'可能性世界',并不是实在的'可能性世界'"。① 包括自然及人本身在内的所有"现实实有"都是作为"永恒客体"而存在的,人类对于"自然"的认识与对于自身的认识是相互依赖的,这一点也反映在怀特海关于自然认知之"不可穷尽"与"生命之谜"相关性方面。而具备"唯我论"倾向的"主-客关系就是从这些永恒客体的双重作用下产生的。它们是改变主体的东西,但只是当他们把宇宙共体中其他主体的位态传达给该主体时才有这种作用。因此,没有任何主体具有独立的实在,因为一切主体都是包容其他主体的有限位态而成的"。② 没有独立主体,所有进入"主-客"关系结构而处于"主体性"生成过程中的主体都同时处于作为"永恒客体"而存在的"宇宙共同体"中,这

---

① 陈奎德:《怀特海哲学演化概论》,上海人民出版社 1988 年版,第 85 页。
② 怀特海:《科学与近代世界》,何钦译,商务印书馆 1959 年版,第 145 页。

种主体间关系逻辑地要求不同主体相互间的"包容",因此"宇宙共同体"又先天地具备"包容共同体"特征,但"欧洲的社会学家和政论家的思想都沾染了一种习惯,常把注意力都集中在利益的冲突这一方面。……进化机构的另一面是创生,……机体可以创生它自己的环境。在这一点上个别的机体是无能为力的。如果要产生足够的力量,便必须有机体合作的社群。环境在这种合作下,将产生与支付力量的大小相适应的可变性。这种可变性就将改变整个进化的道德面貌。……宇宙之谜不是那样简单的,有一种恒定的位态,其中某种达成态永无止境地为着自身的缘故而复现。此外也有变为其他事物的转变位态,其他事物也可能价值较高,也可能价值较低。同时还有斗争和协调的位态"。[①]这就是"价值形而上学"重要性所在,由斗争而协调的伦理紧迫性要求价值层面的预设与机体间合作,"生命美学"由此而被凸显。

怀特海认为"生命不能像近代进化论所说的那样被解释为单纯的生存竞争。相反,生命的出现是由下述双重力量加以规定的:耐力或生存竞争,趋向日益强烈的感觉或自我享受。换言之,对生命出现的恰当解释必须包括审美的自我兴趣,而在更复杂的有机体中还必须包括

[①] 怀特海:《科学与近代世界》,何钦译,商务印书馆1959年版,第108—109页。

事态的理智理想,即争取越来越大的自由或自我表现——使自己的活动和个体性超出过去的束缚,保持和增加对差别的感觉强度和表现的新颖性"。① 在生命美学看来,机体性主要体现为一种生命敏感性,这种敏感性主要源自因差异经验的"摄入"而生成的对于"生命多样性"的理解与对"他者"的包容,及因"同一与差异"辩证展开而对于"宇宙-生命共同体"②的认可,而关于"宇宙-生命共同体"的认知与"身体协调"功能相关,这就是为怀特海过程哲学所倡导的"(肉)身体存在论"。"身体是我们情感和意愿经验的基础,它决定了我们对清晰的感觉材料的反应方式,也决定了我们对感觉的享用。但可以看到的眼神经并不就是视力。我们用眼看,但看不到眼。身体是自然的一部分,它使人的经验在每一时刻都与自然

---

① 菲利普·罗斯:《怀特海》,李超杰译,清华大学出版社2019年版,第96页。

② 一定程度上说,怀特海哲学体现了对东西方文明融合可能的某种思考,因为其哲学蕴含有"中国哲学里极其美妙的天道(Heavenly Order)观念。因此,他渴望着东、西方文明的融合。东方的审美直觉与西方的逻辑推理如何统一起来以创造一种新的哲学、新的文化,一直是怀特海晚年关注的焦点之一。……中国传统思想与西方文化在某种意义上是可以互相融合的,两者之间并不只是单纯的对立与冲突。人们以往更多注意的是后者,现在也许应该注意一下两者的相近相通之处了。"(王治河等:《中国过程研究》第一集,中国社会科学出版社2004年版,第79页。)

密切协调。在身体的实存和人的经验之间存在着要素的流入与流出,因此二者相互分享着各自的存在。……身体是自然的一部分,身体提供了情感和感觉活动的基础,人类经验的扰动(agitation)逐渐进入了随后的身体的功能。身体是自然的一部分,自然的功能是如此的协调,以致相应的人类经验的功能也与之相协调。这样就发生了各种扰动类型的转移。"[①]不同经验类型既以相应"观察/观念类型"为背景,也生成不同经验解释类型,经验扰动及类型转移即不同"观察/观念/解释类型"互动及转化过程,这种转化使生命机体在微观层面突入"物质(理)实在",并在不断经验事实世界过程中在价值层面逐步抵近"精神/自然实在"。

虽然"我们不能想象存在的最高统一的经验。但是这些是人类的条件(terms),在这些条件中我们可以看到驶向萦绕宇宙的完善的有限理想的闪光。这种活动世界的不朽,来源于它在上帝本性中的改变,这是超乎我们的想象之外的。描写的各种尝试经常是惊人的、亵渎的。萦绕在我们想象中的是现在活动的直接事实过渡到对宇宙来讲的永恒意义。正确和错误,成功与失败这种显著

---

① 怀特海:《思想方式》,韩东晖、李红译,华夏出版社 1999 年版,第103—104 页。

的概念依赖于这个背景"。① 想象或设定关于最高统一的经验是对人类存在价值的剥夺,否定最高统一经验的存在可能性将使人类失去存在动力,人类存在的历史就在于其不断从物性活动中抽身而出,且在不断向"价值世界"迈进过程中为获取更大自由而付出的努力,过程中既有成功也有失败,"神"在这个过程中是人的"一位同受苦难,且了解体贴的同伴",因为神自身超越性存在而在其"临在"中时刻给人以抚慰与希望,所以人类在其历史进程中即使身处逆境或面临失败,也能在与神相互依赖中找寻到前进方向。

---

① 怀特海:《怀特海文录》,刘明等编译,浙江文艺出版社 1999 年版,第 241 页。

第一章　怀特海哲学建设性内涵与生命哲学

第一节　怀特海哲学建设性内涵

理解怀特海哲学建设性内涵需回到怀特海哲学所生成的历史境遇,而这种历史境遇又具体化为以下三个问题:一、怀特海时代西方哲学所处基本境遇是什么？二、怀特海的诊断及由此提出的对策是什么？以及,第三、哲学基本问题是什么？

1.1　怀特海时代西方哲学基本境遇

怀特海哲学创建处于西方后学时代,所谓后学即"后形而上学"与"后历史"时代,"后形而上学"之可能源自法国解构哲学对于"传统形而上学"终结,进而使"形而上学"是否必需及其"应然"形态被问题化,体系哲学之终结也使关于"历史终结论"命题之真伪及"哲学与历史"间关系也被问题化,因为康德及黑格尔"历史终结论"标志着以"基督救恩史"观为基础的绝对历史主义的胜利。哲学既要对所处时代作出有效阐释,也不能为具体时代问题所拘约,因此哲学并不能封闭于已然成熟的体系中,对于可能性的探讨正是形而上学特征所在,这意味着哲学活动自身已然蕴含一种"元哲学"意味,"元哲学"即是对此前哲学的反思,也是对哲学本质的追问,反思意味着创造可能,追问则意味着超越可能,这就使具体哲学过程处于"创造性进展(creative advance)"历史过程中,作为元哲学的哲学活动也为历史哲学的发展提供了可能。

基于后现代历史视野生成的怀特海哲学活动是对"逻各斯中心主义"及封闭体系内的循环演化的批判,"体系哲学"肢解了哲学与存在经验间关系,以自我演化的"体系哲学"对于宇宙演化过程的解释遮蔽了生命的活泼过程。"形而上学倾向于把一种逻辑的存在赋予真正的存在,而不是把心理学或物理学的存在赋予真正的存在。因为这就是纯粹逻辑的存在的本质,所以形而上学是自我满足的,只需通过内在于真理的力量就能规定自己。"[1]形而上学恰恰是处于发展进程中的,不同时代需要不同形而上学,体系化形而上学在遮蔽具体"生命过程"的同时,也以历史主义形而上学的方式遮蔽了宇宙历史化过程的生命多样性,康德"受到了一种惯性思维的影响,而这种思维方式是他有时强烈地、正确地加以谴责的,这种

---

[1] 柏格森:《创造进化论》,姜志辉译,商务印书馆 2004 年版,第229页。

影响使得他倾向于这个特殊的幻觉:在形而上学中使用由数学所塑造的方法,……他将之作为自己的独断论的迷梦。康德对这种惯性的思维模式的反叛并非彻底。……如果他对历史了解更多的话,……他就可以摆脱这种幻觉。……康德从伏尔泰那里所继承过来的短期的历史观①造成了他此处的错失,康德所写下的不过是从伽利略到康德本人的那个时代的物理学中的绝对预设的历史,康德没有意识到他所做的是什么,以至于错误地相信他所写下的是任何可能的物理学的绝对预设的解释"。②即使是物理学意义上的"绝对预设"也是"历史性"缺乏所致,从而依然处于"独断论"封闭逻辑中,"形而上学"与"历史"是相互需要的,因为是存在论而非物理学才是形

---

① 事实上,柯林伍德在别处对康德历史观是赞赏有加的,康德"说明了为什么应该有像历史这样一种东西的存在;他说明,这是因为人是一种有理性的生物,因此它的潜能的充分发展就需要有一个历史过程。……历史就是朝着合理性的一场进步,同时它也是在合理性之中的一场进步。……康德从目的论出发,通过解决理性的无限性和个人生涯的有限性之间的矛盾,在逻辑上说明了历史的必然性和必要性。同时,康德还通过确立了理性的完全发展这一自然意图,把历史理解为一个连续的、进步的、逐渐接近于自然意图的实现、接近于至善的前进过程,把理性的发展确定为判别历史进步的唯一标准"。(李秋零:《德国哲人视野中的历史》,中国人民大学出版社 2011 年版,第 96 页)
② 柯林伍德:《形而上学论》,宫睿译,北京大学出版社 2007 年版,第 189 页。

而上学的根本,物理学只是对"存在者"何以存在的一种局部解释,而"存在自身"既无法言说也无法解说,作为"给定者"的存在自身是人的知识所难以企及的,无论是"神创说"抑或自然生成,"存在自身"都外在于人的知识能力界限外,因此面对作为"自在之物"的存在自身只能存而不论;但人的存在及其生命演化过程因涉及不同存在者间关系的协调问题却使"道德形而上学"与"上帝论"①关系

---

① 谢扶雅(1892—1991)先生认为怀特海理性神学所使用"上帝"一词非为基督教所专有,作为专有名词的"上帝"也曾出现于中国文明宗教史早期演化相关文献中,"……我国唐虞时代之祭拜,乃一种对于大宇宙尊敬之表示,其观念正大高远,与一般自然物崇拜……迥不相同。且当时不但仪式上一扫幼稚之臭味,即概念上亦淘尽唯物的成分,而渐就精神化。故唐虞以前,每称神曰帝,曰上帝,其后则上帝字样渐少,而改名曰'天'。……'上帝'显为具体的人格,'天'乃宇宙全体的象征,前者自属幼稚宗教的遗物,后者则为进化宗教的产品。'天'之观念,浑成博大,高明悠久,故能为中国民族五千年宗教史之中心点……。自唐虞以降,天之内容,由自然魔力渐化为人生全体,后世儒家二千五百年来天人一贯之根本原理,即肇基于此。……由'上帝'演变而为'天',已证示理性之发展,更由'天'演变而为'道',不可谓非理性之又一长足的跃进已。"(谢扶雅:《宗教哲学》,山东人民出版社1998年版,第63—64页。)由此来看,中国文明宗教史中从"上帝"到"天"的演化只是中国文明内涵宗教文化"理性化"本质的说明,而"天"对"上帝"的替代并不意味着"上帝"话语及其所蕴含思想的彻底消失,相反"上帝"话语及相关思想作为背景只是潜隐于中国宗教文化历史长河中,并为基督教中国化的逻辑展开提供了理论储备。

成为一种逻辑必然,并使"神学"与"形而上学"勾连起来,进而使"神学形而上学"成为黑格尔体系哲学的重要内涵。"黑格尔将三个神圣人格变成单一神圣实体的三个要素,从而将基督教的三位一体教义赋予自己的真理,这三个要素按线性发展过程先后被超越,到最后,只剩作为圣灵的神是真实的实在。神是自为的、无限的存在,他若不走出自我、不产生世界、不能表现出'非我'的存在,它便是空虚和抽象。因此他必须表现为自然、人类的意识和人类的历史。"[①]这导致人类历史成为"神启"在俗世的证明,黑格尔哲学也具有了"启示神学"特征,解构"体系哲学"目的是要使哲学回归经验层面,并在与宇宙历史发生关联过程中实现对世界历史的积极介入。

这就是包括怀特海在内的过程哲学逻辑起始之处。"怀特海的过程哲学就与柏格森的生命哲学一样,可以理解为一种人类学诊断在自然哲学上的扩展。如果说在柏格森那里是绵延的时间经验提供了理解自然发生的模式的话,在怀特海这里则是自我的主体性的瞬间事件性。在这里,怀特海通过对于任何事件来说都存在的与其先行者发生关系并把这种关系整合进自己的同一性的形成……的必然性的思想,坚持了柏格森的时间经验在同

---

① 安东尼:《历史主义》,黄艳红译,上海人民出版社2010年版,第77页。

时出现新东西的时候在每一个瞬间的连续性的思想,但也更精确地提高了它。"①"人类学诊断"即作为"高等生命"的人类对于自身在自然世界中"所处位域"的觉醒,这既意味着对于"人类中心主义"的批判,也意味着对"生命共同体"的确认,"对宇宙中所发生的事情可以粗略地分为六种类型。第一种类型是人类的存在,身体的和心灵的;第二种包括所有种类的动物生命……除人之外的所有动物;第三种包括了所有植物;第四种由单细胞生物构成;第五种由所有大的无机物的聚合体构成,它们在尺度上与动物体相仿或更大;第六种是在极其微小的尺度上的,由现代物理学的精密分析所揭示出来显像。"②"人类中心主义"即以人类自己的"尺度"去经验与裁定自身所处世界及人类与别的生命体间的关系,事实上将人的主观意志赋予自然或使自然规律服从于人类的目的(外在规律强加学说),本质上源自两个形而上学悖论:

"他们是在表达他们在思考自然时所习惯做出的某种绝对预设;这个预设被称作因果性的概念。这个预设本身是一组预设的集结;如果康德是正确的话,这些预设包括:一个原因和一个结果是以一种必然的连接结合在

---

① 潘能伯格:《神学与哲学:从它们共同的历史看它们的关系》,李秋零译,商务印书馆2013年版,第420—421页。
② 怀特海:《思想方式》,韩东晖、李红译,华夏出版社1999年版,第138页。

一起的,一个原因和一个结果是以时间上的连续方式联系在一起的。这两个假设的逻辑上的不相容性并不能证明它们不是同时做出的;这只能证明,如果它们是同时做出的,那么包含着它们的预设的整体结构就处于极度的紧张之中,建立在它们之上的整个科学的大厦就处于一种危险的不稳定状态。……如果那样的话……大致是从康德到爱因斯坦这段时期,自然科学的结构就建立在一种没有保障的基础上。……这种没有保障性居于何处,它正是出自因果性观念。它包括两个形而上学的悖论……人类中心主义的悖论和拟人化的悖论。"①形而上学需要预设,但预设与结论间基于逻辑展开而生成的"因果性关系"并不就是事实上的因果关系,而处于时间上先后次第出现的两个事件间并不必然具有因果关系,在假定的"同一时段"内会存在多个同时发生或处于自身演化进程中的事件,它们之间并不一定具有因果关系,假定其间存在"因果关系"是因没有认知到"历史优先或逻辑优先"间的关系,基于逻辑上的因果关系而生成的对于"自然"的解释即"人类中心主义悖论",即"自然科学家试图构造一种自然的人类中心主义的科学,一种培根式的和试验性的实践科学。……作为要去了解自然的自然科学家,了解

---

① 柯林伍德:《形而上学论》,宫睿译,北京大学出版社2007年版,第254—255页。

自然就意味着知道如何使自然服从于人的目的。他不打算知道自然本身是什么,他想要知道他能对自然做什么。他对自然的态度主要是实践的态度;这种科学仅仅在知道他实践上的尝试会产生什么样的后果这样从属的意义上是理论的。"[①]不对自然本身予以足够理解而盲目地使自然服务于人的"实践性"使用,结果是使人外在于自然的同时人自身也越来越"内在化",并逻辑地陷入"拟人化悖论",所涉问题即"自然科学家在他们对自然世界的详细的研究中是否预设了这个世界是由像人的心灵或是任何人的精神一样的某种东西激活的。这并不是一个伪形而上学问题。……它是要问那些实际上支撑着自然科学家研究这个世界的预设是什么。……自然科学家试图通过与人类意识生活的类比来构造一种自然的科学。只有通过这样一种类比,自然对于人来说才是可以理解的;不使用这种类比自然科学就不成其为自然科学。……如果不诉诸构造、适应、手段、目的这样的人类行为的类比,它们就是不可理解的。……一种在自然科学使用的良好的词汇应当避免出现这种情况。自然科学家并不真的相信自然的设计与适应,或是自然发明了手段以达到它的目的。他认为这纯粹是一种人类的行为,他的工作是描述他能

---

① 柯林伍德:《形而上学论》,宫睿译,北京大学出版社2007年版,第256页。

以物理的化学的过程描述的每件事,在这种过程中人类的行为没有位置"。①"类比推理"是需要的,因为包括人类在内的生命体与别的生命体一样属于本体对等且功能相似的存在者,它们都属于能量守恒与活动守恒规律的中介,在本体方面难以做到完整把握别的生命体内涵状况下,以人自身为中介去"功能性"地靠近别的生命体就成为一种自然选择。

但自然选择并不一定就属于伦理选择,因为"所有这些自然活动都相互影响,相互需求,相互诱导。……清楚的科学分类是科学方法的本质,但对哲学则是有害的,因为这些分类掩盖了一个真理:自然存在的不同样式之间是逐渐过渡的、渐变的"。②"自然的人类中心主义"之可能源自自然认知方面的"拟人论","拟人论"本体化导致"人类中心主义"生成,二者形成一个逻辑闭环,闭环的最后完成来自"类比推理"本体化。"牛顿的物理学方法论是一次前无古人的压倒一切的成功,但他所引入的各种力仍然使自然处在无意义、无价值的境地。……他把所有系统要素——尤其是质量和作用力……都置于相互分离的事实之中,而这些事实却缺乏使它们出现(compres-

---

① 柯林伍德:《形而上学论》,宫睿译,北京大学出版社 2007 年版,第 257—258 页。
② 怀特海:《思想方式》,韩东晖、李红译,华夏出版社 1999 年版,第 138—139 页。

ence)的任何原因。他就这样阐明了一个哲学上的真理:一个死的自然无法给出任何原因。所有的终极原因都以价值为鹄的,而一个死的自然就没有任何鹄的。生命的本质就是它为着自身而存在,这是价值的真正获得。"[1]这事实上涉及观察自然的尺度问题,而"尺度"问题即"观察角度"问题,但观察自然有不同尺度,"拟人论"仅是尺度之一而非最重要尺度,因此超越"人类中心主义悖论"就需要对形而上学予以准确定位,而超越"拟人论悖论"则需对"人之功能"予以重新定位的同时协调人与自然世界中其他机体之间的关系过程。"哲学是从属性的活动,它以多种表达为中介。哲学发现事物的类型,每种类型都以一种具有其自身特征的实在的存在样式为实例。信息的所有来源都表明了事物相互融合的各个方面。因而哲学的任务就是对相互融合的存在样式的理解。"[2]超越"拟人论悖论"既意味着康德"人为自然立法"命题的破产,也意味着为存在立法并非哲学终极目标;哲学目的在于去蔽,即通过批判语言、观念及知识之障而彰显存在自身多样性,并使多样性存在相互融合过程及其特征被理解。

---

[1] 怀特海:《思想方式》,韩东晖、李红译,华夏出版社1999年版,第120—121页。
[2] 怀特海:《思想方式》,韩东晖、李红译,华夏出版社1999年版,第66页。

1.2 怀特海基本诊断：自然科学并非价值无涉

在怀特海看来，对于自然的认知需以"现代物理学"相关认知取代"古典物理学"视野下寂静的自然世界。古典物理学视野中的自然世界里面既存在着物体，也存在着在自然世界中所发生的东西，当然也存在着物体在其中发挥作用的事件；但无论一个物体所卷入的事件是什么，该物依然保持同一；因此在一个给定瞬间根本就没有任何事情发生，一个瞬间仅只是数学上的瞬间，它根本就不包含时间。在古典物理学视野中，那个时段虽然没有事件，但是仍然有物体：作为物体总和的自然在任何时候都包含且呈现着自然。立足现代物理学，怀特海提出没有事件就没有物体；自然并非区别于事件的物体，自然就是物体，但物体本身仅仅是事件的复合；由于事件占用时间，自然的存在当然也占用时间。关于自然认知的更新使得对于"时-空关系"的认知也由"本质时空观"向"派生性"时空观予以演化，自然并非区别于"事件"而存在的等待人们去认知的物体；相反自然却由于事件与事件的复合成为一个"提供给活动的相互关系的剧场，所有的东西都在变化，包括活动和它们的关系。对于这个新观念（即活动），空间概念及其被动的、系统化的、几何学的关系完全是不适当的。……过程形式（forms of process）的概念已取代了亚里士多德的形式连续性（processions of

25

forms)的概念,因而空间和物质概念就被清除出去,而代之对活动的复杂状态之中的内在关系的研究"。① 空间认知方面的不同使怀特海与柏格森产生差异。

虽然怀特海"事件"概念从柏格森"时段"概念中获益不少,但怀特海"事件"概念却没有柏格森"时段"概念因与"生机论"的关系而携带的心灵因素,怀特海将"'事件'视为'时间原子'(temporal atom),……一旦发生便不再重复出现。……'事件'只会生成(becoming)、消逝(perishing),但不会变化(change)……柏格森认为'延展'的概念只适用于空间……他以在时间之中的意识与在空间之中的物质作对比,认为自然演化的本质是时间,而不是空间。……怀特海则认为时空不可或分,时间关系与空间关系都是自然的基本关系。……'过程'不仅是指时间的转换(transition of time),也是指空间的转换(transition of space)"。② 几何学意义上的"空间"只是关于"空间关系"概念的相对预设,但空间概念的几何学化属于"相对预设"的绝对化,从而使以解决实际问题为最高主旨的哲学活动成为由"绝对预设"出发而展开的逻辑层面的"体系建构"。"每一种科学都把自己限制在证据的某

---

① 怀特海:《思想方式》,韩东晖、李红译,华夏出版社 1999 年版,第 125—126 页。
② 俞懿娴:《怀特海自然哲学:机体哲学初探》,北京大学出版社 2012 年版,第 41 页。

个片段之中,并就这一片段所暗示的概念来构造其理论。"①这也是怀特海所反对的:哲学需要体系化,但体系化哲学需接受具体经验过程的检验,从而使哲学处于不断的创造性进展(creative advance),而哲学的进展只是宇宙自身演化进程使然,该进程构成了对几何学空间概念的超越。"有一些在空间中保持着自我同一性的物质,如果没有它们的话,空间就是空的。每一块物质都占据着一个确定的有限区域。……各块物质之间的本质联系纯粹是空间的。空间本身是永恒不变的,自身总是包含着使物质块相互联系的能力。几何学就是考察这种赋予物质以联系的空间能力的科学。物质的运动包含了空间关系的变化。……物质仅仅包含空间性和对性质的被动支撑。物质可以被赋予性质,而且必须被赋予性质。但性质只是一个纯粹的事实,只是它本身。这就是关于宇宙的宏大学说:宇宙是自足的、无意义的事实复合体。"②这一点也是怀特海在《思想方式》中明确否定的。

根据怀特海,"我与近代认识论的争论集中在这一点上:它强调只把感觉-知觉作为提供关于自然的材料的唯

---

① 怀特海:《思想方式》,韩东晖、李红译,华夏出版社1999年版,第118页。
② 怀特海:《思想方式》,韩东晖、李红译,华夏出版社1999年版,第118—119页。

一来源,而我认为感觉-知觉不能提供我们用以解释其本身的材料。"①并不存在"价值无涉"的"感觉-知觉"过程,具体"感觉-知觉"过程往往因"具体感知者"之"价值偏好"而渗透着强度不一的情感判断过程,而因情感渗透而生成的主体评价方面的容纳与排除使得认识过程兼具经验基础与情感偏向,即"情感调子(affective tone)",即主体在对感性资料予以摄入过程中的评价形式,由此"物体化"自然就成为"事件-对象"关系中的认知对象,而宇宙(自然)过程以"过程"为中介并在过程中进行自我演化,而"怀特海与狄尔泰一样,或者也与过程哲学的创立者柏格森一样,都是从作为关键的人类经验出发,前进到对世界的理解和对人之外的现实的理解的。……狄尔泰根据对宏观历史的理解使他对个人经验的历史性的分析普遍化,但并不扩展到自然事件。然而,他的哲学作为生命哲学类似于柏格森的生命哲学,后者就其自身而言完成了通向自然哲学的第一步。另一方面,怀特海的事件主体性的本体论需要由狄尔泰对经验过程的历史性的分析和在他那里以及在柏格森……那里生效的整体对各个部分本体上在先的观点来补充"。②经验过程之"历史性"分析

---

① 怀特海:《思想方式》,韩东晖、李红译,华夏出版社1999年版,第120页。
② 潘能伯格:《神学与哲学:从它们共同的历史看它们的关系》,李秋零译,商务印书馆2013年版,第430—431页。

与"整体对于部分"本体层面的优先使怀特海哲学有可能超越福山"历史终结论";怀特海认为命题所以成为命题主要不在其真假而在其"有趣",因为就政治史或国家史而论,"历史终结论"属于真命题。立足怀特海"事件-生命哲学观","历史终结论"恰恰体现出历史的进步,自然史或宇宙演化史从来就处于不断的"创造性进展"中:世界是事件的集合,虽然不同事件在因果上具有相互独立性,但事件的发生具有"累积效应",并因而使历史处于非持续性的创造性进展中。"在历史学的(geschichtlich)意义上,人类存在乃是历史的(historical)的存在。它表明,在和一种开放的未来的关系中,我们是绝对的动因。但它并不是史料学的(historisch),即它不是根据事件之外的变化过程来理解的。"[①]"史料学意义"上的历史即包括国家史、帝国史或区域史在内的"现象层面"的历史,因为真正具有普遍价值层面的历史属于"事件-生命史"。

因为处于历史进程中的现实事态往往呈现为如下状况,即生活于同一联结中的人们所处的现实机缘等级相对较低,而生活于不同联结中的人们却反而处于等级较高的现实机缘中,较高的现实机缘因能量汇聚与转换而使更多现实实有进入相互缠绕与关联状态,并有可能导

---

① 科布、格里芬:《过程神学》,曲跃厚译,中央编译出版社1998年版,第84页。

致以能量释放为目的的"新颖形式"的生成,而这种伦理上中立的"新颖性"所生成的"事件-生命史"可能引发"国家/帝国/区域"层面的历史进程的深刻变化,因此,"第一、历史被最根本地解释成了一种主观存在的模式的历史,而非各个帝国或其他外在事件之兴衰的历史。第二、存在的历史和宗教的历史密切相关。第三、在存在之连续的和可理解的意义上,事件的过程乃是自然的过程,一种变化创造了另一种变化借以能够产生的境遇。第四、事件的过程在发展之同样的层次上产生了不同的形式。并非所有区别都将被置于一种单一的规模之上。"①"主观存在模式"即现实实有以"新颖性"形式使用所累积能量以达成其目的而在"事件-生命"层面生成的历史变化过程,这种变化往往与宗教尤其建制宗教直接相关。宗教或被用来汇聚能量,或被用来对能量使用予以合理性说明,而"事件过程"却可能使卷入其中不同生命形式间关系或不同实有间已然存在的联结方式产生深刻变化。因此,所谓"历史的终结"就属于一种"史料学"意义上历史发展连续过程的"间断";怀特海认为这种间断性的意义属于一种质变,这种质变即超越国别史、政治史抑或帝国史所造成的"人类整体"的分裂而对于"人类与自然"互动

---

① 科布、格里芬:《过程神学》,曲跃厚译,中央编译出版社1998年版,第85—86页。

共生的存在整体历史的回归,也体现了对于历史自身复杂性的认知。"罗马帝国之所以能在历史上确定下来,这是因为它一开始就呈现出某种非连续性,并且它后来的存在没有像它的生存环境变化无常一样出现绝对的断裂。……连续性和非连续性的原则是历史事件借以确定自身的原则。历史事件绝不是一种纯粹转瞬即逝的东西;它具有一种意义,并且自身能保持相对完整性和自足性。历史事件之所以能确立起自身的个性,就在于那种非连续性,在于与其之前的东西所具有的相对断裂性;而它之所以能保持其个性就在于那种连续性,或在于它所展现出来的断裂性的相对缺席。"[①]"历史事件"之价值就在于其在"事件-生命史"中所开启的"非连续性-连续性"辩证对于"价值形而上学"的昭示。

1.3 哲学基本问题:有无、善恶与美丑

立足怀特海"价值形而上学"视野,作为哲学基本问题之一的"虚无与存在"间对立就有可能被超越。既然存在是存在论所以可能的前提条件,那么"虚无"也就失去其该有的"本体论"地位而仅仅充当"认识论"工具。"存在在我看来是对虚无的一种征服。我思忖虚无可能和应该是什

[①] 奥克肖特:《经验及其模式》,吴玉军译,文津出版社2004年版,第120页。

么也没有,但是,我惊讶地发现它有某种东西。……充实是空虚的底布上的刺绣,存在被置于虚无之上,在'无'的表象中的东西少于在'某物'的表象中的东西。……虚无概念是一种假概念。……有一种自由地起作用和完全绵延着的绝对存在假设。……通往一种更接近直觉,不再要求常识作出同样牺牲的哲学的道路将被开辟。"[1]由此怀特海过程哲学开始起步,哲学活动从此不再因逻辑或体系的需要而忽略常识的存在,反而需不断回到"常识"或经验生活现场对其"效用"予以检验,从而避免怀特海所批判的"简单性误置",即以逻辑演化替代或阐释具体历史演化。"现实事物,不管是物质还是精神,在我们看来都是一种永恒的变化。现实事物形成或消失,但它永远不是某种事实上的东西。……受制于智慧的意识观察在内部生命中已经形成的东西,但只能模糊地感到内部生命的形成。因此,和我们有关的、我们在其过程中得到的瞬间摆脱了绵延。我们只能留住瞬间。……不能看到真正的进化和完全的变化。我们只能在变化中看到状态,只能在绵延中看到瞬间,即使我们谈论绵延和变化,我们所想的也是另外的东西。这就是我们想考察的两种错觉中最令人惊讶的一种错觉。这种错觉在于认为人们可以通

---

[1] 柏格森:《创造进化论》,姜志辉译,商务印书馆2004年版,第225—226页。

过稳定的东西来思考不稳定的东西,通过静止的东西来思考运动的东西。另一种错觉同第一种错觉很接近……把用于实践的方法用于思辨。一切行动都旨在得到我们以为稀少的东西,都旨在创造尚不存在的某种东西。……行动充满空虚,从空虚走向充实,从不存在走向存在,从非现实走向现实。"[①]将实践方法用于"思辨"导致体系内部的自我循环,并不足以对处于"永恒流变"中的现实世界做出有效阐释,这是怀特海超越海德格尔之处,作为"单一实体"的"此在""向死而生"之展开虽因此被赋予一种生存意义上的壮美甚或崇高,但依然摆脱不了传统形而上学"唯我论"宿命。

海德格尔认为,"他人的存在只显现为一个分有了世界的人即共在(mitsein)……因为在人与人之间不可能有实在的内在关系。……在怀特海看来,在我对我自己的过去与未来的关系和我对他人的关系之间的这种区别,并不是绝对的。……其他人在我自己的存在的构造中也可能是一个有用的要素,而且我也可能有助于他人。我们可能在一种实在的相互关系中被联在了一起。怀特海不承认那种被海德格尔断言为终极实在并通过对死寂(the solitude of death)的冥思而充分认识的人的孤独。

---

① 柏格森:《创造进化论》,姜志辉译,商务印书馆2004年版,第272—273页。

相反,怀特海断言,我们首先存在于共同体之中并在其中确立了相对的独立性。……分有和个性是性质相反的两极。……我们在共同体中越是分有他人,我们就越是可能成为个体;而且我们越是成为个体,我们在共同体中就越是更加丰富地分有他人。"[1]这种共同体视野正是基于"事件-生命史"视野而生成的,人与自然互动共生的"万物一体"之"生命总体"审美展现,这就使怀特海有可能用"事件"替换"此在"的同时实现了对海德格尔的超越;"过程神学和存在神学家……之间就存在着各种张力。……海德格尔把人的存在或此在(Dasein)描述为向死而生(being-toward-death)。这就把他的人的存在观提高到了一种由生而死的单一实体。然而,怀特海却把人的存在描述为一种连续的瞬间。……活着的我们就是不断地死亡……perpetually perishing。当然整个系列都将终止,而且这是一种重要的思考。但是,我们的存在的意义必须在面对不断死亡这一更根本的事实中得到锻造。"[2]海德格尔"向死而生"在怀特海那里就转换为:个体虽然在躯体上经历了"死亡"事件,但却因此在客观层面上获得不朽,该问题进一步思考就涉及到作为哲学基本问题之一的"善

---

[1] 科布、格里芬:《过程神学》,曲跃厚译,中央编译出版社1998年版,第82页。

[2] 科布、格里芬:《过程神学》,曲跃厚译,中央编译出版社1998年版,第81页。

恶"问题,并与"哲学-神学"关系发生关联。

关于"善恶"的思考从来就不是纯粹哲学问题,也不完全是神学问题,而是二者必须合作共同面对的问题,这就是神学哲学化逻辑主要内涵所在。"自然神学被理解为一种独立的理性,它被假定为哲学,可以证明那些对于基督教徒来说很重要的事情。……基督教神学的哪些要素不能用自然神学来证明呢?其中之一就是无中生有(the creation out of nothing)。自然神学不能回答这个问题。三位一体学说、道成肉身(incarnation)都不能用自然神学来证明。"①就哲学层面论,"无中生有"属于怀特海所批判的"独断论迷梦";而立足基督教神学逻辑,"恶"就被先天地认定为"空无或缺乏",而"由恶向善"的可能则基于信仰基础上的"神的恩宠",神学形而上学是需要的,但不能使"形而上学"封闭于"神学逻辑",超越"神学逻辑"需要哲学自身的进步,哲学的进步推动着传统神学的进步,而哲学的进步需要对"上帝观"内涵予以创造性阐释。

因为"在最终的形而上学升华中,上帝成为所有存在的一个绝对的、无所不能和无所不知的源头,因为上帝的存在不需要与任何超越自身的东西相关,他具有内在完善性。……对上帝无所不在的最终坚持更多是早期基督

---

① 俞懿娴、曲跃厚:《关于哲学与宗教之间的关系:访著名过程思想家J.B.科布博士》,载《世界哲学》2020年第5期。

教时代神学家在形而上学想象方面良好努力的结果……他们不再努力以解释上帝的形而上学的范畴来看待世界,同时他们也不会努力根据运用于世界的形而上学的范畴看待上帝。对他们而言,上帝显然是真实的,世界是派生地真实,上帝对于世界是必要的,而世界对于上帝并不是必要的,两者之间存在鸿沟。……这是传统神学中上帝的命运。只有摆出神秘主义,那么上帝存在的证据可以从我们的世俗世界中得到"。① 认为世界具有"派生性"真实是"传统启示神学"逻辑使然,事实上无论上帝还是世界在相互需要的基础上二者都是真实的,上帝在内在于世界的同时世界也内在于上帝之中,因为"哲学的用处就在于使阐明社会系统的基本观念保持一种活泼而新鲜的特性,……哲学的目标是使神秘主义理性化:它不是通过解释而消除神秘主义,而是通过引入新鲜的言语特性,进行理性的协调"。② 理性协调之可能来自怀特海价值形而上学体系中"事实-价值世界"对于"事实世界"多样可能性的协调。"价值世

---

① 怀特海:《观念的历险》,洪伟译,上海译文出版社2013年版,第158—159页。引文中"只有摆出神秘主义……"类似译文有"只有靠玄谈一番神秘主义,我们才能在我们的俗世找到上帝存在的证据。"(怀特海:《观念的冒险》,周邦宪译,译林出版社2012年版,第170页。)

② 怀特海:《思想方式》,韩东晖、李红译,华夏出版社1999年版,第154页。

界的主要基础是为进入活动的事实世界的所有可能性的协调。这种协调包括和谐和挫折,美和丑,吸引和厌恶。"①协调的可能与和谐的达成要求对传统神学的超越,并在推动神学哲学化过程中产生了"哲学神学"。

"哲学神学或理性神学"的生成源自神秘主义的理性化进程,其任务是"在表面上是以无情的强制力之间的冲突为基础的世界中,提供一种对文明兴起和生命本身的敏感的理性理解。……在这一任务上神学很大程度上是失败的……神恩的学说贬值了,赎罪的学说大多还不成熟。近二百年的自由神学的缺陷便是将自身限制在次要而乏味的理由之上,即人们为什么应当继续以传统的方式去教堂。……文明由四个因素构成:(1)行为型式;(2)情感型式;(3)信念型式;(4)技术。……行为型式在长期的过程中受到情感型式和信念型式的支撑或修正,宗教的主要任务在于关注情感和信念。"②怀特海认为文明的进步与宗教发展密切相关:一方面作为人类外在表达的宗教在其"仪式、情感、信仰及理性化"历史化进程中,"理性宗教"是宗教发展"应然"形态,缺乏"理性化"升华的宗教将始终局限于特定"经验表达",并因此将其情

---

① 怀特海:《怀特海文录》,刘明等编译,浙江文艺出版社1999年版,第239页。
② 怀特海:《观念的历险》,洪伟译,上海译文出版社2013年版,第159—161页。

感固执于既定信仰对象失去继续历史化动力。究其原因离不开相关神学理念的体系化倾向,而为怀特海所倡导"哲学神学"视野中的宗教则属于"理性宗教"①,因为"宗教并不必然为善,这是怀特海揭示的理性宗教的……显著特征。……理性宗教只有超越善恶成见才能客观批判人性,只有超越社会具体环境才能揭示普遍意义真理……宗教本质是超越性"。② 如果失去超越性,宗教就将封闭于自我窄狭的经验表达中,进而失去对更为宽广多样宗教生活的体验,从而可能成为文明发展的障碍;因为关于"神或至高者"的宗教经验及其引发的宗教情感是多样化的,若立足"真与美"关系而透视宗教生活中的"现象与实在"复杂关系过程,可发现"首先……真仅仅涉及现象与实在的关系,它是现象与实在的一致。其次,真的'一致

---

① 一定意义上说,怀特海"理性宗教观"类似于马克思关于宗教本质的理解,"在宗教的本质及成因问题上,马克思认为宗教是人的理性、自我意识缺失的产物。他指出谁觉得世界是理性的,因而谁本身也是无理性的,对他来说神就存在。换句话说,无理性就是神的存在。……马克思将理性、自我意识视为世界的本质、自由的象征和历史的动力,认为宗教的最大危害在于否认人的自我意识及其至上性。"(黄金辉、闵丽:《马克思的宗教批判与唯物史观的形成——以马克思青年时期论著为中心的分析》,载《世界宗教研究》2023年第1期。)

② 黄铭:《过程与拯救:怀特海哲学及其宗教文化意蕴》,宗教文化出版社2006年版,第232页。

性'概念要比美的'一致性'概念狭隘。……真关系并不必定是美的,也许它也不是中性的,也许它是恶的。……宇宙中的不一致是因为美的方式各种各样,美并不一定是协调一致的,同时不协调一致的混合在从一种方式向另一种方式的转化中是一个必要因素。当前中的过去和将来的客观生命都是不可避免的干扰因素。不协调一致也许会以新颖或希望的形式出现,或者是恐怖或痛苦"。[①]"浅薄"源自视野窄狭,而"痛苦"则与智慧欠缺相关,二者都属于伦理之"恶",而"新颖或希望"的可能源自超越,这就需要观念方面的历险。"文明发展实际上是冒险与平和交互作用的结果。冒险与平和各自代表了人类社会的进取心和协调性两个方面,它们的对立平衡是文明发展的重要机制。人类文明进入科技时代以后,基本观念发生了重大偏向。二元论的思维方式渗透了思想和实践的各个领域。在人与自然的关系上,由于过分强调对立性,以致大规模征服自然的工业模式造成了生态环境的恶化。在社会的经济活动中,宣扬竞争高于协调,结果促使各种共同体纷纷解体。在文化知识方面,事实与价值的二分观念产生了科学与人文的分裂,甚至科学本身也不断分化,造成知识碎片日益增多。……建设性的后现代主义

---

① 怀特海:《观念的历险》,洪伟译,上海译文出版社2013年版,第252—253页。

作为对现代性的一种积极的反作用,旨在克服各种形式的二元论观念,重返综合性的观念,希望在现代困境中拯救人类文明。"①这就是怀特海关于"生命本身敏感的理性理解"的内涵,既意味着"价值与事实"相关中不同生命形态"差异与同一"关系互动方面"类整体"视野的生成,也意味着"哲学美学化"逻辑展开的最终目的在于"美学层面的综合"。

一方面"哲学与神学在致力于理解人类和世界整体的现实方面有一个共同的主题。……哲学唯有面对这一任务才符合自己的伟大传统。……神学唯有探讨世界和人类的创造者,并因此把自己关于上帝的言说与对人类和世界的现实的整体理解联系起来,才能恰如其分地谈论上帝及其启示。……哲学千万不要想用一种纯哲学的上帝学说来取代宗教。……充分保留神学与哲学之间的张力,因为神学要从上帝及其启示出发思考人的存在和世界的整体,而哲学思维则从人类和世界的经验出发返回到其在绝对者中的根据"。②"神学与哲学"间张力需要"美学"予以协调,"美是经验中的各项之间的内在一致,以产生最大之效果。所以美关系到实在的各个组成部分

---

① 黄铭:《过程与拯救:怀特海哲学及其宗教文化意蕴》,宗教文化出版社2006年版,第250—251页。
② 潘能伯格:《神学与哲学:从它们共同的历史看它们的关系》,李秋零译,商务印书馆2013年版,第432页。

的相互关系,同时关系到现象的各个组成部分的相互关系以及现象与实在的相互关系。经验的任何部分可以是美丽的,宇宙目的论的导向就是产生美。"[1]就宗教经验论,多样化"宗教现象"与同一"宗教实在"间关系需立足整体视野,并在超越"自我-他者"对立中逐步抵近"美学综合体",其中"每一个事态都是一种存在与不存在的综合体。同时,某些永恒客体虽然仅是作为不存在而被综合在事态 a 之中,但每一个作为存在而被综合的永恒客体同时也是作为不存在而被包容的。'存在'在这儿就意味着作为个体而言在美学综合体中是有效的。'美学综合体'就是'经验综合体'处在它本身与其他实际事态的关连所产生的限制之下所形成的自我创生状态"。[2]"自我创生"属于一种自我价值的肯定性确认,肯定性确认离不开美学层面的积极否定。"除开同类事物在其他事态中的实际事素以外,每一个实际事态都处于另一种交互关联的实有领域中。这一领域是由一切可以为它作有意义的陈述的假命题显示出来的。这是一个存在着许多不同的方向的领域,它在实际中的立足点超越了任何一种实际事态。假命题对于每一个实际事态的真正关系是由

---

[1] 怀特海:《观念的历险》,洪伟译,上海译文出版社 2013 年版,第 252 页。
[2] 怀特海:《科学与近代世界》,何钦译,商务印书馆 1959 年版,第 156 页。

艺术、虚构叙述以及关于理想的批判等显示出来的。这就是我主张的形而上学论点的基础。……对实际的理解必须联系到理想。……如果能真实地说出关于某一实际事态的某种命题是假的,这便表现了美学成就的颠扑不破的真理。它表明了伟大的否定,这就是它的基本性质。"[①]"伟大的否定"即后来者对前行者哲学成就的批判性超越,怀特海哲学中关于命题的理解涉及是否"有趣/真假"互动,其中"有趣的"命题不一定为真,而"真命题"不一定"有趣",封闭于基督教"神学形而上学"内部的关于"圣三位一体"命题属于真命题,是对"至高者"特征的一种事实判断,超越基督教神学范畴而以"三位一体"特征对别的文明体系中"至高者"特征予以"类比式"说明则属于一种"性质判断",由此而生成的命题属于"假命题",该"假命题"就属于"有趣命题",其所以有趣即扩大了关于"至高者"存在可能性的理解。

第二节 生命哲学:从柏格森、狄尔泰到怀特海

1.1 柏格森:生命、绵延与完善

柏格森生命哲学是对传统形而上学以"体系解释生

---

① 怀特海:《科学与近代世界》,何钦译,商务印书馆1959年版,第152页。

命"的超越,"体系解释生命"造成生命的对象化,并主要体现在对斯宾诺莎与莱布尼茨上帝观批判方面。"在斯宾诺莎那里,思维和广延,至少在原则上具有同等地位。它们是同一个原本的两个译本,……同一种物质的两种属性,应该称之为上帝。……在莱布尼茨看来,广延也是一个译本,思维则是原本,思维不需要译本,因为译本是为我们的。如果假定了上帝,就必须假定对上帝的所有可能的看法,即单子。但是我们始终能够想象,一种看法来自一种观点。……实际上,观点并不存在,因为只有看法,每一种看法都是在不可分的整体中给定的,以自己的方式表达整个现实,整个现实就是上帝。但是,我们需要用相互外在的许多观点来表达相互不同的许多看法,也需要用这些观点的相对位置,用它们的接近和差异,即用量值来表示或多或少关系密切的看法。当莱布尼茨说空间是共存物的范畴,广延的知觉是一种含糊的知觉……只有单子,即实在的整体没有部分,并且无限重复,每次都在其内部整个地(尽管方式不同)重复,所有这些重复都是互补的时,他表达的就是这个意思。"[①]"思维与广延"地位对等或"原本-译本"关系是以理性语言对"上帝创世说"内涵的新颖表达;没有"部分"的整体作为"单子"却能

---

① 柏格森:《创造进化论》,姜志辉译,商务印书馆2004年版,第290页。

无限重复即"不动的自动者",而观点的相互外在使得"看法"难以协调,因此世界和谐最终还得依靠"上帝",其中隐含"机械论"与"宇宙论"间不同关系。"一个物体的可见立体外观等同于我们从各个角度对它的所有立体看法,我们不是在立体外观中看到各个立体部分的并列,而是认为立体外观是由这些完整的看法的互补性构成的,每一个看法都是整体给定的,不可分的,与其他看法不同,但代表同一个物体。在莱布尼茨看来,整体,即上帝,就是这种立体外观本身,单子是这些互补的平面看法:这就是为什么他把上帝定义为'没有观点的物质'或'普遍的和谐',即单子的互补性。……莱布尼茨把普遍的机械论当作现实向我们呈现的一个方面,而斯宾诺莎则把普遍的机械论当作现实向本身呈现的一个方面。"[①]其中"现实向我们或向本身"呈现选择方面之于"感知者"来说属于一种"外知觉"而非"内知觉",因为在由"普遍机械论"所支配的宇宙图景中世界万物都按既定规律在各自轨道上运行;生命哲学要求"感觉内在化",进而实现由"机械时间"向"生命时间"的转化。

柏格森提出,"如果时间不是一种力,为什么宇宙以一种在我的意识看来是绝对存在的速度来展开连续状态?……

---

① 柏格森:《创造进化论》,姜志辉译,商务印书馆2004年版,第291页。

为什么一切不是像电影胶卷那样一下子给出的？我越思考这一点，我就越觉得，之所以将来必定在现在之后，而不是在现在的旁边，是因为将来在现在的时候还没有被完全确定，之所以在处于其中的意识看来时间有一种绝对价值和实在性，是因为时间的不断自我创造可能不在某种人为分离的体系中……而是在这个体系与之结成一体的不可预见和新的具体整体中。这种绵延可能不是物质本身的事实，而是追溯物质过程的生命的绵延：两种运动仍然是相互关联的。"① 生命过程不可被整体规划；因为生命不可被对象化，生命是以躯体或肉身为中介，进而超越其物质性制约过程在精神层面提升的过程，该过程属于一种价值引领下的创造性进展：当下生存时段之"过去、现在与未来"框架化使生命过程"厚度与宽度"得到拓展，同时生命的创造性本质使得个体生命过程成为基于"当下时段"而面向"未来"的一种矢量式跃升。根据柏格森，科学认知应通过另一种认识来完善自己；因为老旧的科学认识观念仅仅把时间当作一种衰退、视变化为一种永恒形式的衰减，如果新的概念能被把握和利用，那么人们就会看到在时间中存在着绝对的渐进式发展，事物的进化过程中存在着新形式的连续性发明，这要求着与古人

---

① 柏格森：《创造进化论》，姜志辉译，商务印书馆 2004 年版，第 281 页。

的形而上学决裂。柏格森认为古人只看到最终认识事物的唯一方式:古人的科学由一种零散和片段的形而上学组成,而组成古人形而上学的则是一种集中和体系化的科学;而"在我们持有的假说中,科学和形而上学是两种对立的,尽管是互补的认识方式,科学仅仅保留瞬间,即仅仅保留不绵延的东西,而形而上学则关注绵延本身"。[①]"原本-译本"间关系是基于"理念-摹本"间"模仿与被模仿"关系,理念世界是真正的实在,现实世界因其不完美不具真实性,身体或躯壳只是灵魂暂住的介体,而生命存在及其价值在被"无化"的同时成为灵魂借以复归其理念世界的过渡。

柏格森形而上学对"绵延"的关注则使生命"去对象化"而成为本体论意义上的存在,而以绵延为其规定性本质的生命之本质则在于创造性进化,这种进化主要体现在个体生命意识的逐步成熟及类层次上对于"完善"的渴望。如果时间不具备创造性,那它就不具备任何价值,因为"时间不是人们能缩短或延长而又不改变其内容的间隔。艺术家的工作的绵延是其工作的组成部分。缩短或延伸这种绵延,就是改变充满这种绵延的心理进化,改变作为其结束的发明。在这里,发明的时间就是发明本身。

[①] 柏格森:《创造进化论》,姜志辉译,商务印书馆 2004 年版,第285页。

思想的发展随着思想的成形而变化。……生命过程如同一个观念的成熟"。[①]"发明的时间"等于"发明本身",其内涵在于生命价值在其质而不在其量,以创造性进化为其本质规定性的生命属于一种"事件性"事实。"物理学抽象地考虑事件,好像事件在一切有生命的东西之外,即在空间中展开的时间里。"[②]"空间中展开的时间"是"时间空间化",因为"空间化的时间"是可量化且可计算的,因此发生于"时间空间化"中的不同事件间就处于相互外在关系状况,但生命自身的丰富性与复杂性也因此而被悬置。柏格森指出,生命本质上是一种穿越物质,并吸取物质中的东西的趋于上升的流动,因为大自然的其余东西与人类没有关系;如果我们一方面像其他物种那样进行斗争,另一方面我们也卷入与其他物种的那种斗争,那么我们在生命进化的中途就可能遭遇偶然事件,进而使我们渐趋上升的生命之流发生偏离,结果会使我们的体格和精神与"现在的我们"完全不同,所以如此是因为这种流动就是不断穿越物质存在的"生命力",这种穿越表现为生命过程的自我超越,超越自身"物质性"下坠倾向而向自由迈进,而该状态下的生命就完全表现为一个由中

---

① 柏格森:《创造进化论》,姜志辉译,商务印书馆2004年版,第282页。
② 柏格森:《创造进化论》,姜志辉译,商务印书馆2004年版,第283页。

心向四周延展的巨大波浪,在将要到达圆圈时就停下来,转变为原地振荡并等待突破某点上存在的障碍,突破成功意味着"生命冲动"可自由通过,人类力量可记录下来的就是这种意志层面的自由。

这种自由即生命以自我为对象的返身性认知,具体化为意识层面的"智慧-直觉"间进化式结构。柏格森认为直觉和智慧代表着意识工作的两个相反方向:其中直觉沿着生命的方向前进,而智慧则反向而行,因而受到物质运动的制约;但人类的完善化进程同时也使"智慧-直觉"这两种形式的意识活动得到充分发展,因为在完善的人类和我们现在的人类间可以设想许多中间阶段,分别对应于智慧和直觉的所有可想象的程度,而这正是人类的精神结构中的偶然部分;但人类精神结构中的必然部分就是"生命力",那种永不满足、时刻渴望超越的直觉式冲动。柏格森认为"智慧"是习惯的产物,因为意识在战胜物质和战胜自己的过程似乎已耗费了其力量的最精华部分,特殊条件下这种战胜的实现要求意识去适应物质性的习惯,进而将注意力集中于这些习惯上,最终具体化为生活中的智慧;但是直觉依然以模糊和不连续的形式存在,就像一盏近乎熄灭的灯一般,它隐隐约约地在某些时候发出生命的微光。因为在直觉与智慧的互动中,生命直觉容易为智慧性的现实追求所迟滞。换言之,为功利性追求主导的现实生活是对"生命实在"的遮蔽,进而使"现实生活"与"生命实在"间存在一层若隐若现的帷幕,直觉或生命力则有可能穿越物质之帷,发现现实生活另一半视野。人们一旦能面对真正的绵延,就看到"绵延意味着创造,如果解体的东西继续存在,只能是因为它与产生的东西密切相关。因此,出现了宇宙的连续发展的必然性,我是指实在事物的一种生命的必然性。从此,人们以一种新的角度考察我们在地球表面发现的生命,生命的发展方向与宇宙的方向相同,但与物质性的方向相反"。[①] 物质既是生命运动的条件,同时又是以创造性进化为其本质规定性的处于发展中的生命需克服的障碍。对于物质的克服需要不同生命形式间的协同,从而使生命发展方向与"宇宙方向"相同,这就与柏格森"封闭/开放社会"范畴联系起来。

封闭社会与人类道德"部落化"有关,并因而陷入相互攻击以自保的恶性循环,而开放社会则源自道德的进步。"在一个开放的社会里,我们能在每个人身上看到仁爱,每个人的道德义务和道德权力是平等的。向开放社会迈进的旅途可分为彼此不同的文明。希腊哲人、犹太先知、佛教圣人和基督教圣人已开辟了一条通向普遍的人类道德之路。这些伟大人物不像自然那样采取控制或

---

① 柏格森:《创造进化论》,姜志辉译,商务印书馆 2004 年版,第284 页。

运用强制力,他们投合一切人的心意,寻找信徒,从而证明在我们所谓灵魂里有一种尽管尚未发展的潜能。这种潜能能超越民族精神而趋于人类的博爱。"①柏格森认为"创造性情感"可以推动灵魂由封闭而开放之进化,这种进化所获得的是更为整全且宽广的人性,它有助于人类交往范围的扩大。而"创造性情感"之可能源自道德的"去部落化"及类层面情感关联性的阐释性实践,进而促进"生命关联总体"概念的逐步现实化,这就是狄尔泰生命哲学"以生命解释生命"的基本原则。

1.2 狄尔泰:生活整体、总体性与精神科学

作为对"形而上学终结"话题的回应,狄尔泰"生命哲学"开启了关于"人之存在历史性"的认知可能。"对人的历史性的揭示就是形而上学的终结,亦即一种基于上帝思想的'逻辑上的世界联系'的理想的终结……这种世界联系的原则在莱布尼茨那里通过理由律得到表述,并在黑格尔的体系中得到其最后的贯彻。与这样的逻辑主义……相对立是自由和生活的历史性。唯有我们生活的形而上的东西作为个人经验……保留下来了。"②莱布尼

---

① 拉·科拉柯夫斯基:《柏格森传》,牟斌译,中国社会科学出版社1991年版,第105页。
② 潘能伯格:《神学与哲学:从它们共同的历史看它们的关系》,李秋零译,商务印书馆2013年版,第366页。

茨"理由律"也被称为"充足理由律",一切事物都有成因,该成因决定了事物何以是其所是,为什么是这个样子而非另外的样子,而对于事物成因的揭示即等同于对该事物所以是其所是的解释,这也就决定了对于事物感性层面的认知并非最重要,因为最重要的是使其所是的背后成因,事实上还是前述"原本-译本"关系的具体化。若继续坚持"逻辑主义"优先,继续将该逻辑的生成和终结与上帝理想联系起来,那么本来作为"人类条件(terms)"之一的"上帝"及其相关神学(哲学)论证就会陷入由"译本"而"原本"的回溯式循环论证。"基督教信仰知道这样一个在历史中间使一切历史的终点显现的世界:这就是耶稣的复活,是在历史的尚未终结的进程中间的这一个人身上对犹太教的盼望所期待的终结之后的预先把握。……狄尔泰并没有把生活的整体、把对个别经历中的重要性的一切经验的条件都视为与作为统一性之根据的上帝的思想必然结合在一起。……这种结合只说明了众多可能的世界观中的一种,亦即与哲学世界观不同的宗教世界观。"[①]基督教信仰是人类条件之一而非绝对条件,与之相关的宗教世界观及神学论证也只是理解"生活整体"视角之一,此外还有"哲学世界观""科学世界观""历史世界观"

---

① 潘能伯格:《神学与哲学:从它们共同的历史看它们的关系》,李秋零译,商务印书馆2013年版,第369—370页。

等不同视角,不同世界观间的互动推动着哲学的进步。

狄尔泰认为"任何历史现象,无论它是一个宗教,还是一个理想或哲学体系,其有限性以及对事物之联系的任何一种属人的把握的相对性,是历史世界观的最后一言,一切都在过程中流动,无物常驻。……他通过思索在经历中在场的生活整体来寻找这条出路,这生活整体……就是在形而上学解释的逻辑主义终结之后还留下的形而上学因素"。[①] "经历、在场与生活整体"等概念属于狄尔泰"生命哲学"范畴,其中"生活整体"即既处于自然界中,同时又以之为基础,由人类生产性活动发展而来的"社会-历史世界"。"人是一种历史性的存在。他是由他在时间和空间之中所具有的位置、由他在各个文化系统和共同体的互动过程之中所具有的地位决定的。因此,历史学家必须把一个个体的全部生活,当作他本身在某个时间和空间点上所表现的那样来理解。正是这个由各种联系编织而成的整体性网络,从那些关注自己的生存的个体出发延伸到了各种文化系统和共同体,并且最终延伸到整个人类,因此而构成了社会和历史所具有的特征。"[②] "社会-历史世界"是由各种联结编织而成的"整

[①] 潘能伯格:《神学与哲学:从它们共同的历史看它们的关系》,李秋零译,商务印书馆2013年版,第366页。
[②] 狄尔泰:《历史中的意义》,艾彦译,译林出版社2014年版,第19页。

体性网络",不同文化系统属于"具体整体",众多"具体整体"间互动可能与前述"生命关联总体"预设相关。"生命关联总体"属于价值层面的"创造性阐释","创造性阐释-情感"间联动在促进"心理-历史关联总体"视野生成过程中有可能为不同文化系统间"协调互动"提供现实机缘。"在人们为了把这个历史世界当作一个由各种以历史世界为中心的互动构成的系统来理解而进行的这些研究之中,我发现了可以用来解决这些冲突的原则;每一个个别的、包含在这个系统之中的互动系统,都通过设定各种价值观念及其实现过程,具有了存在于自身内部的中心;但是,从结构的角度出发来看,所有这些个别系统都被联结成了一个整体——从这些组成部分所具有的重要意义的角度出发来看,这个社会-历史世界的整体性脉络所具有的意义,就是从这种整体之中产生出来的;因此,人们关于未来设计出来的任何一种价值判断、任何一种意图,都必须完全以这种结构性脉络为基础的。"[1]"整体性-结构性脉络"互动使社会-历史世界"历史化"过程转化为一种生产性关联总体,"脉络与总体性"关系与影响当代哲学走向的"绝对与极限"概念密切相关。

　　脉络主义的根本精神是"以积极使用无穷倒溯概念为基础的。对于亚里士多德及传统哲学来说是理论是死

---

[1] 狄尔泰:《历史中的意义》,艾彦译,译林出版社2014年版,第24页。

胡同,对于詹姆士、柏格森、杜威、怀德海、胡塞尔、海德格尔以及当代知识领域的主要人物来说则成了理性思想的基本要求。20世纪哲学明显混乱的状况后面如果还有什么真实的统一性的话,那就是拒斥任何绝对的存有概念的不完全性原理。或者,我们应该说,'绝对'概念(在任何意义上)已经转化为'极限'概念,更准确地说,绝对是脉络存在的极限。因此,在怀德海的脉络主义的构架中,宇宙是所有动态脉络的极限。无论是'绝对的开端'还是'绝对的归宿'都是极限的概念。以终极界限来设想的宇宙的开端与归宿对于怀德海毫无积极意义可言"。[①] 对"无穷倒溯"的"积极使用"说明"循环阐释"是无法避免的,因此有必要以一种积极姿态进入"循环阐释",因为作为"所有动态脉络"极限的"宇宙总体"(怀特海)——狄尔泰"生产性关联总体"需经过不断阐释才能使其"脉络结构"(心理关联-历史关联-生命关联)被逐步呈现,这也是狄尔泰"以生命把握生命"生命哲学的基本原则,因为"生活、生活经验和各种有关人的研究,都是持续不断地联系在一起、持续不断地互相影响的。构成这些研究基础的,并不是概念性的研究程序,而是通过某种心理状态的总体性对这种状态的觉察,是通过移情对这种状态的重新

[①] 唐力权:《脉络与实在:怀德海机体哲学之批判的诠释》,宋继杰译,中国社会科学出版社1998年版,第139—140页。

发现"。①专注于"概念性研究"有可能使研究过程脱离与现实生活世界的实际接触,自然科学无疑具备该特征;但"移情"却有可能使研究者超越概念框架的制约而保持生活与科学间互动,因为"移情"是(重新)通过与"体验"的合作进而发现"生命关联总体"的重要手段之一。狄尔泰认为只要人们去体验人类各种状态,并在对他们的体验予以表达的同时也对这些表达进行理解,那么人类就会变成精神科学的主题。"体验"生成于经验者的肉身化在场与"他者"共情,进而导致语言表达的去私人化,由此而达成的"主体间"交往情境使得理解成为可能,因为"理解过程以经验为预设前提,然而,只有当理解过程使我们离开经验所具有的狭隘性和主观性,达到总体性和一般性的时候,经验才会变成有关生命的真知灼见。此外,要想使对于一个个别人物的理解过程变得完满,人们就必须具有系统的知识,而这种系统的知识又同样依赖于对个体的生动的把握过程"。②理解所需要的"个体、他者与整体"间互动关系生成"循环阐释",怀特海也有类似表达;此外狄尔泰"精神科学"所针对的主要对象是人类,这导致他忽视了"自然世界"与"生命"间的有机关联。"有关没有生命的自然界的知识,可以通过由各种科学组成的

---

① 狄尔泰:《历史中的意义》,艾彦译,译林出版社2014年版,第19页。
② 狄尔泰:《历史中的意义》,艾彦译,译林出版社2014年版,第38页。

等级体系而得到发展——在这种等级体系之中,比较低级的层次总是独立于它为之奠定基础的那个层次而存在;就精神科学研究而言,任何一种来源于不断发展的理解过程的事物,都是由相互依赖关系决定的。"① 怀特海在超越狄尔泰精神科学②所具有的"人类中心主义"局限的同时将狄尔泰"生产性关联总体"升级扩大为"宇宙总体",进而实现了对"循环阐释"的积极使用。

1.3 怀特海:对"循环阐释"的积极使用

本质上说,"循环阐释"是不可摆脱的,要紧的是以一

---

① 狄尔泰:《历史中的意义》,艾彦译,译林出版社2014年版,第38页。
② "狄尔泰的功绩是提出而不是解决理解与解释的关系问题。狄尔泰的那种视理解与解释为对立的两极的见解已明显地暴露了其不合理性。……伽达默尔的见解基于海德格尔对哲学所作的本体论变革,这一变革的重要标志就是不再把理解仅仅当作人的认知方法……它直接就是此在的存在方式,生命的意义并不抽象地存在于别的某个地方,它就在理解之中,是被理解到的意义。正因如此,理解就具有本体论的性质。……利科尔……表达了这样一种思想,即解释是属于方法论的东西,而理解则属本体论范畴。……解释是分析的,它将整体分解为部分,并揭示部分和细节的意义;理解则是综合的,将部分结合为整体,重建各部分的总体关联。……无论在伽达默尔和利科尔之间有着多大分歧,他们在根本出发点上却是一致的,这种一致性反映了当代诠释学家的一种新的共同立场:以'理解与解释'(或'说明')的模式取代狄尔泰的'理解或解释'的模式。"(潘德荣:《西方诠释学史》,北京大学出版社2013年版,第512—513页)

种合适方式进入"阐释循环"的同时对之予以创造性阐释,这属于"阐释的阐释"。而"阐释的阐释"是以"理解的理解"为前提的,而"理解的理解"总是对已达成的"理解型态或范式"的再理解,所以理解在本质上具有历史性,而"理解的根本历史性暗示着绝对的客观性是不可能的。绝对的客观性意味着,可以揭示出蕴含了表达的整个历史关联总体。……这样一种总体性是永远不可能达到的。……这种意义关联总体在本质上是时间性的,因而永远不可能被视作是封闭的,相反,完全向未来开放是它的特点"。[①]"总体性"不可达成意味着"历史-意义关联总体"在表达层面的生成需要以"生命-生产性关联总体"为前提,而"生命-生产性关联"的达成却离不开"整体-部分"间互动。虽然"整体只是就它从各个部分出发可以理解而言才对我们存在。……各个部分的意义同样依赖于整体,但整体却不能从各个部分派生出来,尽管整体必须整合各个部分,由此也(部分地)具有它自己的规定性"。[②]"整体"自身(部分)规定性即作为整体的"系统"从形成起就因系统各要素或内涵于该整体不同部分间互动而生成的自稳定结构,具备自身稳定性的系统需在保持系统开

---

① 穆尔:《有限性的悲剧:狄尔泰的生命释义学》,吕和应译,上海三联书店2016年版,第282页。
② 潘能伯格:《神学与哲学:从它们共同的历史看它们的关系》,李秋零译,商务印书馆2013年版,第368页。

放性的同时与周边环境达成能量或信息间良性互动,进而确保系统自身的生产与再生产,而系统的生产与再生产过程当然也包括系统自身逻辑的生产与再生产,这需要阐释的介入,而阐释的展开必然是对系统或以系统为前提(基础)的整体性阐释,这就决定了任何阐释都是"循环阐释",而"循环阐释"则被或消极或积极地使用于"无穷倒溯"。狄尔泰以人类为对象的精神科学及因此而生成的生命解释学对"循环阐释"使用同时具备积极和消极两方面:就前者论,他将康德哲学中用以对生命现象作出解释的"先验范畴"之无时间性规定予以"历史化",从而使历史成为流传物,而精神科学所意欲达成的"客观精神"成为人类在其历史性传承中不断予以阐释的"客观存在";就后者论,以人类为对象的精神科学割裂了"人与自然"在宇宙之广延连续性生成过程中的有机联系,进而具有了"人类中心主义"嫌疑。

虽然"狄尔泰将社会历史世界看作一个偶然的世界,而且将我们的生命历程看作基本上是由偶然性决定的东西;这种观点表达的事实是:我们的生命及其历程是可能的(因为它们是真的可以被实现),但绝不是必然的"。[①]只是社会历史世界何以是这样而非那样,在一定意义上

---

① 穆尔:《有限性的悲剧:狄尔泰的生命释义学》,吕和应译,上海三联书店2016年版,第390页。

取决于选择及相关行动基础上的"意义阐释",而"意义阐释"则先天地负载了西方文明自身的价值偏向。即使如此,狄尔泰立足精神科学之建构而生成的"生命哲学"也极大地拓展了哲学思辨视野,并深刻影响了包括海德格尔、伽达默尔及德里达等对于"阐释学"学科特征与内涵的深化。"在阐释理解的框架内,海德格尔追问与存在问题相关的释义学循环问题。如果每一种阐释只有基于对世界的原始理解才有可能,那么释义学循环基本上是不可避免的。但根据海德格尔的观点,例如,将这种循环看作我们求助于自然科学的知识就可以避免的认识论缺陷是很荒谬的。这种看法之所以荒谬,不仅是因为自然科学的知识起源于更原始的理解,而且具体是因为这种循环与其说是一个障碍,不如说是理解的可能性条件。释义学循环是一种存在论循环:它表达了此在的生存论上的前结构。在海德格尔看来,问题不在于我们如何跳出这种循环,而在于我们如何能恰当地进入这种循环。"[1]辩证地看,在海德格尔"阐释循环-存在论循环"与狄尔泰"生命-生产性关联总体/历史-意义关联总体"两个对子间存在关联,其中"阐释循环"的循环始终以"历史-意义关联总体"的生成为目标,而"存在论循环"的循环则始终

---

[1] 穆尔:《有限性的悲剧:狄尔泰的生命释义学》,吕和应译,上海三联书店2016年版,第328—329页。

以"生命-生产性关联总体"为依托。海德格尔由此以"此在"的生存论分析为抓手,并在"常人状态-本真存在"的区分中实现了对于"阐释循环"的切入,从而在"向死而生"的姿态中使生存过程达成"自身澄明"。

伽达默尔在认可"阐释循环"作为理解可能性条件的同时将"释义学"发展成为本体阐释学。因为"被理解者/理解者"都属于理解过程一部分,"阐释循环"因而演化为"被理解者/理解者"间的以消除陌生性为目的的"视域融合"过程,这就使"具体阐释"过程演化为基于"被理解者/理解者"间的对话。只是为对话理想效果所要求的"自我-他者"间"主体间性"立场却因伽达默尔对"传统"的强调而有趋于形式化的可能,而德里达"释义学"则以"离散体验"为出发点在使生命"有限性"阐释趋于极端化过程中实现了"视域的播撒",最终使其"分延逻辑"在后期衍化为"幽灵逻辑"。但千万不要以为"德里达真的会简朴地回到我们所理解的那个马克思主义科学上去,他对马克思的理解必然是要经过某种中介的。……依他的解构逻辑,马克思的著作也同样是形而上学的。面对马克思,德里达仍然要先用上自己的解构武器,马克思只能在分延中出场"。[①] "马克思主义终结论"的话语生成却强化了

---

① 张一兵:《德里达幽灵说的理论逻辑:马克思的幽灵的文本学解读》,载《理论探讨》2005年第5期。

"马克思"的历史性在场,因为马克思对资本主义的批判时至今日依然有其生命力,这一点也体现于怀特海关于西方传统形而上学"具体性误置"的批判中。"过程性宇宙是变/不变、重复生产/新颖性生产及物质性重复/概念性创新间辩证关系。……资本主义却对这种过程性宇宙予以化约或还原,即将新颖性还原为物质性再生,由此在使变化还原为永恒的同时也使概念性被还原到物质性。"[1]有必要超越"物质性重复"而趋于"概念性创新",这要求超越"马克思主义终结论",福山所谓"历史终结论"也需要超越,否则为"历史终结论"概念隐含的"西方民主自由"论题将继续从价值观层面服务于西方传统形而上学"循环阐释"。

但是因为"每个意义关联总体都承载着无数的可能性。……人们必须等到生命历程的终结,因为只有在临死之际,他们才能看到整体。……对个体而言,理解本身的确会因为死亡而终结,但对还活着的人而言,逝者的生命历程绝对没有完结:将来的人可以对逝者的生命历程作出无数新的阐释"。[2] 死亡是对"历史-意义关联总体"

---

[1] Anne Fairchild Pomeroy: *Marx and Whitehead*: *Process*, *Dialectics*, *and the Critique of Capitalism*, State University of New York Press, 2004, P160.

[2] 穆尔:《有限性的悲剧:狄尔泰的生命释义学》,吕和应译,上海三联书店2016年版,第282—283页。

的回归,虽然理解因个体死亡而终结,但个体死亡却恰恰开启了历史阐释的可能。而怀特海哲学也具有历史阐释的特征,其著作《过程与实在》就是"分析死亡的尝试。抓住过去的概念的意味着过去是一个死亡了的因素,并且因此是一个保留在彼岸中的元素,并且因此是客观化的。……如果你得到一个死亡的意义是什么的一般概念,你就达到了关于下面问题的理解:你认为记忆和因果关系是什么,在你感到我们是什么这个问题的无限重要时,你认为是什么,因为当我们死亡时,我们是不朽的"。[①]理解"记忆、因果,及死亡与不朽等"关系涉及怀特海关于"符号性指涉"与经验生成过程"因果效验"与"表象直接性"两种感知觉方式间关系的创造性阐释。"在因果性问题上产生哲学困难的一个原因就是,休谟以及后来的康德把因果联系的基本性质看成是来自直接性表象构成的先决系列。但是,如果我们考察经验,那么情况恰恰相反,直接性表象的知觉方式以更原初的因果效验方式提出有关知觉的信息。因此,符号性指涉,尽管在复杂的人类经验中以两种方式起作用,但主要应该被看作是以因果效验方式对知觉的说明,表象直接性方式的知觉也有

[①] 怀特海:《怀特海文录》,刘明等编译,浙江文艺出版社1999年版,第267页。

起伏不定的介入。"①康德所以将"直接性表象构成"视为"因果联系"先决系列,原因是对"生命范畴"起作用的诸多先验范畴之无时间性存在,而"因果效应"与"表象直接性"都属于怀特海以"感-知觉"为手段,进而"经验和把握世界"的方式,其中以"表象直接性方式"呈现的"知觉类型"是"特殊的、确定的、可控的……与过去或未来最少相关。我们受到(因果)效验方式中的知觉的影响,我们对表象直接性方式的知觉加以调控。……我们为了达到统一经验进行的自我构成过程产生了新的结果,在这种结果中一种方式的知觉和另一种方式的知觉综合成一种统一的主体性感觉"。②"直接性表象"是当下、私人的且容易转换的,但感知者因为自身的历史性存在而时刻处于"影响-感觉-评价"等组成的生命流程中,因此阐释最终服务于感知者自我生命历程中的"自我定向",这种"自我定向"内涵即一种"自组织、自协调与自创生"方面的选择与行动过程。

因为以有限性与偶然性为其本质特征的生命存在之"意义的获取"必须依托于"稳定的结构",而任何既定结

---

① 怀特海:《过程与实在》,李步楼译,商务印书馆 2012 年版,第 278 页。
② 怀特海:《过程与实在》,李步楼译,商务印书馆 2012 年版,第 279 页。

构的可能都依存或生成于与别的结构历史性互动而生成的整体性结构脉络中。"试想一下滑铁卢战役。这个战役结果以拿破仑的失败而告终,而且基于这种失败构成了我们的现实世界。但是有些人用一些抽象的观念表达,拿破仑如果胜利了,那么另一种历史进程就是可能的,这些抽象概念与实际发生的事实相关联。……在我们今天的现实世界中,仍然存在着与滑铁卢战役的关联构成的永恒客体的阴影。"[1]拿破仑在滑铁卢的失败反而使"拿破仑"所取得的历史成就及其帝国梦想依然飘荡在欧洲历史乃至世界历史演化进程中。"拿破仑帝国"虽早已成为过去,但其"帝国辉煌"依然以"因果效验"方式存在于人们记忆中,并始终影响着当代欧洲史的发展进程。"就意识性的判断来说,符号性指涉就是以表象直接性方式接受知觉的证据,作为对因果效验方式的模糊知觉进行定位和分辨的证据。"[2]阐释的可能取决于对符号的创造性使用,存在于传统中的"符号"若不纳入当下经验过程,那么其"符号性指涉"将始终定位于其传统价值中。伽达默尔在历史理解方面"效果史"就因对于"传统"的强调而有使"他者"被沉默化可能。怀特海立足"因果效验"

---

[1] 怀特海:《过程与实在》,李步楼译,商务印书馆2012年版,第289页。
[2] 怀特海:《过程与实在》,李步楼译,商务印书馆2012年版,第280页。

而对传统"主体观"进行创造性阐释。"因果效验方式产生的知觉是模糊的,不受控制并且具有浓重的情感作用:它产生的感觉来自直接的过去,通向直接的未来;这种情绪性感觉属于自身的过去,转变为自身的现在并且从自身的现在转向自身的未来;它属于一种影响之流,来自过去的其他模糊存在,限定于局部又消除了局部的限定性,这种改变着、增强着、抑制着和转换着的影响就是我们所接受、联合、统一、享有和传递的感觉之流。"[①]立足怀特海"宇宙总体"视野,狄尔泰精神科学视野中"历史关联总体"只是作为"有限存在者"的人类在其历史化进程中对"秩序化"的想象性建构;怀特海过程哲学恢复了"人与自然"的联系,从而使包括人类社会在内的自然世界与社会-历史世界成为一个相互包含、互为依存的"生命共同体",因为"形而上学的关键是这个互相内在性的学说。每一个侧面借给另一个侧面对它的存在必需的因素。……我们可以看到宇宙转为平凡。这并不意味着没有某些另外的秩序类型。……宇宙把基础建立在新类型上,在那里,我们现在的关于秩序的理论将表现为平凡。……这个宇宙永远趋向于新颖。"[②]怀特海在实现对"循环阐释"积极使用的同时也使其过程(机体)哲学具备了"公共阐释"性质。

---

① 怀特海:《过程与实在》,李步楼译,商务印书馆 2012 年版,第 278—279 页。
② 怀特海:《怀特海文录》,刘明等编译,浙江文艺出版社 1999 年版,第 267—268 页。

第二章　怀特海哲学逻辑架构与自然哲学

第一节　怀特海哲学逻辑架构

怀特海哲学属于"建设性后现代主义",即怀特海哲学生成于西方"后现代哲学"历史背景,但与尼采及德里达等以"宏大叙事之解构"与"反形而上学"为主要特征的后现代哲学相比,怀特海哲学在与传统西方哲学主题保持历史性联系的同时,体现出鲜明的建构特色,即怀特海一方面致力于体系化形而上学的建构,同时也不断返回到现实的经验场域中,力求实现"话语建构"与"经验现实"间的相互生成。具体说来怀特海体系化哲学在历经"自然哲学"、"过程(机体)哲学"及"生命哲学"历史性演化的同时,其哲学思考始终没有离开经验现实的地基。"生命哲学和过程哲学是在黑格尔死后登场的人类学转向的基础上再次找到通向形而上学的通道的少数哲学流派之一。……怀特海把形而上学这个概念再次落落大方地用来称谓哲学的一个任务。在这里,他把形而上学的行事方式描述为'想象式普遍化'(imaginative generalization),而且他的形而上学宇宙论看起来是基于人的自我经验的某些特征的普遍化。"[1]所谓"人类学转向"主要源自黑格尔左派对于黑格尔哲学"基督教背景"的超越,即哲学思辨的出发点"不再是上帝或者绝对者,而是人本身。在这里,问题不仅仅在于人是关于上帝的意识的出发点,而且还在于上帝被还原为是人的一种思想"。[2]对于黑格尔哲学基督教背景的超越并非不需要基督教,而是需要以一种新视野去思考包括基督教在内的宗教在人类历史进程的作用,这就需要就"神学、哲学及形而上学"关系予以反思,核心即人类是否需要"形而上学"的问题。如果需要,那么问题随即转化为人类需要"什么样的形而上学"的问题。对这个问题的回答则构成怀特海体系化哲学建构的"形而上学-宇宙学逻辑"。而"形而上学"的历史性特征又生成怀特海哲学建构的"历史性-经验逻辑",即作为形而上学行事方式的"想象式普遍化",其内含两个步骤:"一是对经验的超越;二是对经验的回归。前者使得我们能够摆脱经验的束缚,在符号、概念的世界中自由地建构……凸显了人之为人所应具有的超越

---

[1] 潘能伯格:《神学与哲学:从它们共同的历史看它们的关系》,李秋零译,商务印书馆2013年版,第354页。
[2] 潘能伯格:《神学与哲学:从它们共同的历史看它们的关系》,李秋零译,商务印书馆2013年版,第347页。

性;后者……寻求经验的验证,……既免于停留于无根的虚空之中,又是检验想象性实验方法是否成功的关键……"①对于"经验的回归与超越"体现出怀特海哲学建构的"实践性-元伦理逻辑",正是生命"求新趋变"自由本质促使个体在对"生命总体"形而上渴望中不断超越自身存在之有限性。

1.1 形而上学-宇宙学逻辑

怀特海哲学体系"形而上学-宇宙学逻辑"既是对传统形而上学的批判,也是对"形而上学现象学"与"具体形而上学"间关系的预备。怀特海认为哲学的发生源于"历史与形而上学"相互需要,因为"形而上渴望"正是人之为人的规定性,在此怀特海与狄尔泰显然具有类似立场。"在狄尔泰看来,对人的历史性的揭示就是形而上学的终结,亦即一种基于上帝思想的逻辑上的世界联系的理想的终结。……任何历史现象,无论它是一个宗教,还是一个理想或哲学体系,其有限性以及对事物之联系的任何一种属人的把握的相对性,是历史世界观的最后一言,一切都在过程中流动,无物常驻。"②只要人依然处于其历史

---

① 但昭明:《从实体到机体:怀特海本体论研究》,人民出版社 2015 年版,第 101 页。
② 潘能伯格:《神学与哲学:从它们共同的历史看它们的关系》,李秋零译,商务印书馆 2013 年版,第 366 页。

性进程中,那么人就依然有其形而上学需要。"黑格尔的形而上学现象学造就了一个综合而融贯的形而上学体系,而狄尔泰的形而上学现象学则指向'形而上学的安乐死'。……但因为狄尔泰在其形而上学现象学是从这样的视角出发的,即形而上学意识内在于人类生命中,因而不能被简单抛弃。"①立足"形而上学现象学"视角,可发现"形而上学"的需要始终伴随着人类历史发展全过程。该需要不仅内在于西方文明发展史,东方民族的历史发展进程也蕴含着类似的形而上需求;而奠基于基督教神学背景的黑格尔世界史观却因基督教"二元史观"的封闭拒绝给予"东方民族"同样的思辨理性,最终使其"形而上渴望"停留于基督教"天国"的文学幻象中,而为黑格尔左派所批判的正是黑格尔形而上学的"神学形而上学"。"右派黑格尔主义接受了神学要素,而左派黑格尔主义②坚定

---

① 穆尔:《有限性的悲剧:狄尔泰的生命释义学》,吕和应译,上海三联书店2016年版,第286页。
② 理解"左派或右派黑格尔主义"需立足黑格尔与怀特海彼此上帝观差异。"对黑格尔和怀特海而言,上帝仅凭自身就可感知到存在于宇宙万物间的完整理性结构或其逻各斯。对黑格尔而言,上帝不仅是逻各斯,而且还是逻各斯的完全现实化;而怀特海逻各斯则展演为一种分离性的总体性,内含多种互不相融的可能性,它们在被完全展望的同时最有可能接近于完全的实现,怀特海也因此允诺了逻各斯的到来。……对黑格尔而言,世界虽然是不同的,但它和从其所出的上帝依然保持了同一自我;但在怀特海那里,上帝的

地转向了世俗的、内在的历史要素,转向了人类的逐步解放……"①受限于"基督神学要素"的黑格尔哲学体系只是地方性知识体系,"左派"黑格尔主义则因其"人类学转向"而使"形而上学"与"宇宙学"发生关联。

这是怀特海哲学建设展开的基本逻辑框架,"思辨哲学力求构成一种融贯的、合乎逻辑的、必然的普遍观念体系,通过这样的观念体系可以解释我们经验每一个要素。……'解释'……我们意识到的一切,不管是欣赏的、

诸多非必要性质强烈地依赖于世界的性质,上帝的存在强烈地依赖于某些世界的存在;如果上帝本质上属于一种无所不包的经验,那么如果不存在关于客体的经验,那么上帝也不可能存在;准确地说,上帝存在与这个世界的存在间的依赖关系是较弱的。……尽管黑格尔认为世界为上帝而存在,但上帝却只为自己而存在;在怀特海那里,上帝和世界是相互依存的,二者都属于创造性的工具。……对黑格尔而言,上帝所以大于世界,是因为上帝依然活着,上帝的现实化即目的本身,……上帝即善本身,而怀特海认为上帝仅仅只是好的,并因此而服务于善本身及其仆人们。上帝即善本身始终为安塞姆、阿奎纳及其他关于神圣简单性主张的拥护者们所肯定。……因此为了对黑格尔与怀特海关于上帝与世界关系的相关论述达成全面判断,必须在黑格尔之上帝究竟属于实体还只是一种性质间做出选择,选择前者属于右派,选择后者则属于黑格尔左派。"(George R. Lucas, JR. ed: *Hegel and Whitehead: Contemporary Perspectives on Systematic Philosophy*, State University of New York, Albany, 1986, P263 - 265.)

① 安东尼:《历史主义》,黄艳红译,上海人民出版社2010年版,第119页。

感知的、意欲的还是思索的一切,都有作为总体系中的一个特例的性质。……'融贯的'意思是整个体系包含的基本观念都是互相依存的;因而如果把它们孤立起来就会毫无意义。……不可能设想任何实有完全脱离宇宙系统……"①"宇宙系统"与"经验总体"相互依存是怀特海"建构性后现代哲学"特征所在,不仅是对西方传统形而上学的超越,也使怀特海思辨哲学与东方哲学在"生命价值"理解方面具备了相关性。"如果生命被禁锢在纯粹一致性的枷锁内,它就会退化。统合模糊和混乱的经验因素的力量对于向新事物的前进是很必要的。对宇宙的理解根源于这种进步的密切关系之中。要是没有这种理解,创造就毫无意义。……宇宙就被贬低为没有生命和运动的静态的无价值状态。……不变的秩序被作为终极的完满,其后果是历史性的宇宙被贬低为只具有部分实在的地位,而被纳入了纯粹现象的观念之中。因此,我们经验中最明显的特征在形而上学的建构中被抛弃到附属性的角色上。"②"完满"是过程中的、经创造性而逐步生成的完满,因此如果没有历史的过程,那么事物就总是它所是的样子,最终生命和运动就消逝了。"如果没有空间,

---

① 怀特海:《过程与实在》,李步楼译,商务印书馆 2012 年版,第 9—10 页。
② 怀特海:《思想方式》,韩东晖、李红译,华夏出版社 1999 年版,第 73 页。

就不会有完满(consummation)。空间表达的是所达到的境地的终止(the halt of attainment),它象征直接的现实化的复杂性。……时间和空间所表达的宇宙包含了转化的本质和获致的连续。转化是实实在在的(real),结果也是实实在在的。……'神性'是宇宙借以获得意义、价值(value)和超越现实的理想的因素。正是由于空间的直接性对神性的理想之间的关系产生了超越我们自身的价值(worth)感。超验宇宙的统一性和实现了的实存的多样性都借助对神性的感受进入了我们的经验。如果没有这种超验的价值感,作为他者的实在就不能进入我们的意识。因而必然存在超越我们的价值。"[1]"超验-经验"间关系涉及哲学之一般与怀特海哲学之特殊。怀特海说过,哲学要么是自明的,要么就不是哲学;这意味着哲学活动之最终目的即经由"去蔽"而逐步达到自明(self-evidence)状态。这一点显示出怀特海与胡塞尔现象学间的关联,但胡塞尔专注的是自明性本身,探讨人类意识的本质结构并以此为欧洲科学奠基,而怀特海却对经验的自明性本身不感兴趣,他更关心在自明性基础之上的人类经验的构成成分与不同特征,以创造性来对宇宙机体作出形而上的研究。胡塞尔哲学中的"自明性"是以"先验

---

[1] 怀特海:《思想方式》,韩东晖、李红译,华夏出版社1999年版,第92页。

自明性"出现的,即经过"现象学还原-本质还原-先验还原"三步骤后,人类就处于"前谓述、前理论"的先天纯粹"被给予"状态,这种"被给予"状态恰恰处于"超验-先验"所开启的"时-空连续体"中,其中空间向度上的"超验"使得人类始终处于一种超越自身有限性的"上升"过程,而时间向度上的"先验"则使人类始终处于"过去与现在"关系状态。"时间指的是过程的转化,空间指互相交织的存在的每一形式的静态必然性,而神性则表达了理想的诱惑,而这一理想是超越了直接事实的潜能。"[①]理解"超验-先验"关系离不开"经验-体验"协同,也离不开基于生存有限性及有限者关于"被给予性"的"体验"(经验的当下化),最终结果是以"在场形而上学"为中介进而沟通"经验形而上学"与"价值形而上学"成为可能。经验即思考,思考即对所经验物的思考,而思考即在一定概念框架下对进入经验范围内"时间性存在物"予以评价与排除的过程(肯定摄入与否定摄入)。换言之,经验过程即不同"经验类型"的选择过程,一定的"经验类型"伴之以相应的"概念模式",而"概念模式"则与一定的"观察视角"相关。"观察类型始终根据概念类型提供的概念来解释。……我们承继了观察的类型,即我们实际上加以辨别的事物

---

① 怀特海:《思想方式》,韩东晖、李红译,华夏出版社1999年版,第92页。

类型;我们承继了一种概念类型,即一个我们实际上据以作出解释的粗略的观念体系。……同时新的观察内容会修正概念类型,……新的概念指出了观察辨别新的可能性。"①"经验-观察-概念类型"间互动关系即狄尔泰与怀特海哲学核心"意义客观性"与"理解普遍性"问题,也因此与康德再次发生关联。

如果接受康德"无时间性先验结构"绝对预设,因为"先验结构"的绝对预设逻辑上可为所有人所共享,那么由康德"先验结构"所许诺或生产的世界的客观性与普遍有效性就是可互换的。但若我们像狄尔泰一样赞同先验的经验结构受社会历史制约这种观点,那么将客观性与普遍有效性等同起来就不再可能,因为"理解"同时具有客观性与无限性;虽然"社会历史世界是由人类创造的,但在它所属的复杂关联总体中,它却作为先于人类的、持续深入影响人类的关联总体而站在个体的对立面。被解释的表达和解释者通常是一个共同的生产性关联总体或传统的一部分。这种生产性关联总体意味着,在经验中、在对生命表达的解释中,主观因素并不表示主观任意性。……(a)依据生产性关联总体——被解释者与解释者都被嵌入其中——来作出判断的解释,与(b)忽略这种

---

① 怀特海:《观念的历险》,洪伟译,上海译文出版社 2013 年版,第 145 页。

生产性关联总体作出的解释。在此意义上的客观解释,是与这种主体间可通达的关联总体有关的解释"。① 狄尔泰"生产性关联总体"与怀特海"经验-宇宙总体"具备功能相关性。怀特海将"宇宙总体"等同于"过程总体",而"过程总体"当然是处于过程中的生产性关联总体,而狄尔泰所着重的"经历"与怀特海之"在场"具备功能相关性。

因为无论是"经历或在场"都与个体有限性相关,这意味着个体不可能实现"同时性在场",这就使"观察辨别不是听从于不偏不倚的事实,它要进行选择和放弃,剩下的东西又要根据主观认为的重要程度加以重新安排。这种观察中的重要程度的区分实际使事实变形,所以我们不得不根据事情发生时的事实来拯救事实,我们不得不拯救被放弃的事实,不得不摒弃主观认为的重要类型,其实它本身也是一种观察事实"。② "拯救被放弃的事实"需要回返到具体经验现场;按怀特海理解,"主观"上认为重要而没有进入具体经验过程中或没有被"主体"感觉的事物事实上并没有成为"事物",因为正是感觉的主体才使这种感觉成为一个事物。"感觉是它自身主体的一个方

---

① 穆尔:《有限性的悲剧:狄尔泰的生命释义学》,吕和应译,上海三联书店2016年版,第281—282页。
② 怀特海:《观念的历险》,洪伟译,上海译文出版社2013年版,第145页。

面。'主体'一词一直保持下来是因为在这个意义上,它是哲学中的熟知的概念。但那是一种误解,使用'超体'这个词可能更好些。主体-超体就是创生各种感觉过程的目的。……各种感觉目的在于成为感觉者。……感觉之所以是这种感觉就是为了使它们的主体可以成其为主体。因此,从超验的方面看,由于主体借助于它的各种感觉才成其为主体,正是通过它的各种感觉,这个主体才得以在客体上达到超越它自身的创造性。……主体因为它的感觉而负有作为主体的责任。……如果把陈述的主-谓形式当作形而上学终极的形式,那么就不可能表达这种关于感觉及其超体的理论"。[①]将"陈述的主-谓形式"当作"形而上学终极的形式"是对作为一种历史现象的"形而上学"自身特质的误解,而超越"陈述的主-谓形式"的可能在于认识到形而上学与历史的相互需要,这就使超越传统"上帝观"而向"主体-超体"观念的生成提供了逻辑可能。"主体"的生成需要作为感觉的材料,而材料的获取需要在对事实的拯救中"在场"于具体历史进程,"主体"的历史性生成及其目的的达成需要"价值层面"的引导,因此"主体-超体"的相互需要源自"形而上学与历史"的相互需要,这就使对传统上帝观之创造性阐释成为可

---

① 怀特海:《过程与实在》,李步楼译,商务印书馆 2012 年版,第341页。

能:"历史中的上帝是一个矛盾体,是一个无意义的术语。无论上帝存在于其他什么地方,他肯定不存在于历史中,因为果真如此,将不会有任何历史存在了。在历史中他被看作是一个原因的地方,将不会言说什么东西,并且也没有什么东西有待言说。"[1]超越传统上帝观的目的在于使"上帝"在场于具体历史过程,上帝在场于具体历史过程的目的并非是"上帝创世"证明,而在于价值层面的引导,这是对上帝"原初本性""后继本性"在"审美层面"的说明。

1.2 历史性-经验过程逻辑

以"在场形而上学"为中介而生成的"价值-经验形而上学"互动具体化为历史层面的"宏观-微观"互动,也因此拓展了理解所谓"历史终结"内涵,即在终结某特定历史解释模式的同时也开启了历史不同解释模式"共时性存在",一定的解释模式属于有限视角下"历史经验"理性化,但一种视角的可能必然会对另一种视角形成遮蔽,而怀特海哲学之"事件-生命史"模式则使历史解释由"对象性解释"走向关于"历史自身"的解释,而历史解释则由"历史理解与理解的理解(意义)"生成。"历史性的意义

---

[1] 奥克肖特:《经验及其模式》,吴玉军译,文津出版社 2004 年版,第 125 页。

感是对作为永恒过程的、在理想的神性统一性中永不凋谢的宇宙的直观。因此,神性和历史过程之间具有本质的相关性。也正因为这个原因,过程形式并不完全取决于从过去的派生。随着一个时代在无意义和挫折中日趋没落,过程形式就产生出包含着新的秩序形式的其他理想。"[1]在由旧的秩序形式向新的秩序形式生成过程中,伴随着"经验当下化"过程而逐步凸显的生命意识就参与到"价值-经验形而上学"互动而显化的"外在-内在、价值-事实、应然-实然、历时-共时及自然-自由"等相互关联的对子间互动中。"外在-内在关系"所显化的是怀特海哲学"相关性原则",某一现实实有在"内在于"某一过程的同时也"外在于"另一同时性、因果上相互独立的关系过程,而"自然-自由"所显化的正是过程哲学内核"创造性"所在。

怀特海认为"创造性"即"自由",该自由属于"自然中的自由",也是作为高级机体的"人类"价值的实现,并最终意识到"存在着实际事实的整体,众多事实的外在性,以及位于整体之中的这种经验的内在性"。[2] 经验总是在生命体验过程中逐步"显豁"的经验,这种"显豁"过程伴随着"整体-外在-内在"关系状态之生命价值的"自我澄

---

[1] 怀特海:《思想方式》,韩东晖、李红译,华夏出版社1999年版,第93页。
[2] 怀特海:《思想方式》,韩东晖、李红译,华夏出版社1999年版,第105页。

明"。怀特海"价值-经验形而上学"对"传统形而上学"的超越是对西方哲学史"形而上学传统"的延续,也体现出怀特海与德国哲学的相关,因为狄尔泰并不想完全取消形而上学,但海德格尔声称要这样做。"狄尔泰明确指出了形而上学意识的永恒性。为了能够在生命中得到定向,有限的人不得不依赖形而上学的调节性理念。……狄尔泰批评形而上学,因为它遗忘了有创造力的生命,这种生命是绵延不绝的形而上学堡垒的基础;海德格尔的批判则针对形而上学对存在的遗忘。狄尔泰强调这个无法穷尽的维度深不可测,海德格尔强调它深不见底。……他们对这个维度('生命'和'存在')的看法最终是一致的。"[①]"有创造力的生命"不只是人类生命自身,海德格尔对传统形而上学"存在的遗忘"的批判也不仅限于人类的存在,它们共同指向传统形而上学的"人类中心主义悖论",本质上与自然科学"价值关怀"缺失有关。

根据柯林伍德,对于以了解自然为目的的自然科学家来说,了解自然就意味着知道如何使自然服从于人的目的;因为他不打算知道自然本身是什么,他想要知道他能对自然做什么,他对自然的态度主要是实践的态度。而这种"价值无涉"问题即自然科学是否需要形而上学的

[①] 穆尔:《有限性的悲剧:狄尔泰的生命释义学》,吕和应译,上海三联书店2016年版,第346—347页。

问题,对于该问题的思考构成怀特海"自然哲学-过程(机体)哲学-生命哲学"不同演化阶段,也使"经验-生命-价值总体"得以逐步生成的技术路径被彰显,从而彰显了怀特海哲学建构内涵。"解构的现代哲学家大多以取消形上学为其哲学工作的前提,排斥传统哲学的使命——追求普遍或终极原理以解释万事万物、指导人生所行所为。他们抹杀形上学之为精神功能的表征、价值理想的源泉这重大事实。"①精神层面或价值关怀的缺失使人类之于自然的实践过程沦为一种以满足人类自身私欲为最终目的的"外在关系"过程,但世俗意义上的实践只不过是一种特定的实践而已,因为大多数人鉴赏力有限和能力欠缺。本质上说,"实践是活动行为,这种活动行为是与生活操行密不可分的,与所有生命个体都摆脱不掉的需要密不可分的。……实践在任何地方都暗含和依赖于一种未曾实现的想法,一种'将要成为……'但'现在却不是'的想法"。②人类始终生活于"被给定"有限场域中;不过如怀特海所阐明的那样,动物享有结构而人在理解结构的同时创造更符合自己目的的结构,当然这种"自创生"活动不是一次性的,而是一种不断的超越自我有限性及有限成

---

① 俞懿娴:《怀特海自然哲学:机体哲学初探》,北京大学出版社2012年版,第289页。
② 奥克肖特:《经验及其模式》,吴玉军译,文津出版社2004年版,第247页。

就的过程,这是怀特海生命哲学所蕴含"实践"内涵所在。而"创造性冲动"的缺乏意味着"形而上"渴望的丧失,并因此使人类生活于"给定的经验结构"狭窄视野中。不对这种狭窄视野予以突破,"人类中心主义悖论"还将影响到不同类型文明的相互交往关系。不同文明类型间关系事实上也是"不同经验结构"间关系。任何一种"给定的经验类型"就其宇宙论构成方面都同时内含其科学、神学、哲学及美学等不同侧面。作为"人类中心主义悖论"变种的西方中心论之生成与基于"科学理性"而生成的"独断论"密切相关。"科学经验"属于"有限经验类型",而"科学形而上学"或者源自"有限经验"的绝对化,或者与"科学经验"及科学对象"恒常性模式"的意识形态化相关。

如果说自然科学领域中的"规律"可"跨文明"而共享,那么包括宗教、哲学及美学等领域中的"经验"则因不同文化体验而存在较大差异。就宗教及其超验者论,"基督教"经验模式与"佛教"经验模式存在质的差异,它们都只是"宗教经验"的不同表达,反之若要以基督教之经验模式去"规范或指导"佛教徒经验表达,正是"基督宗教形而上学"欲超越其自身经验的有限性而趋于"普适化"的结果。"自然科学"领域也存在着基于不同文化传统而生成的"经验模式"方面的差异,虽然可共享,但却不可"强制"性地予以普适化,反之就可能生成怀特海所理解的

"灾难性形而上学"。实质是缺乏对于"形而上学历史性"特质的恰当理解,形而上学与历史是相互需要互为促生的,怀特海哲学形而上学之建构性特征与文明对于进步的要求相关。怀特海认为文明的上升跟衰退是一样的,因此哲学有责任去解释不同秩序类型的上升,也包括从一种类型到另一种类型的转化。此外还有包含在宇宙中及人类经验中以彰显自明性为目的的善恶交融,这是怀特海哲学架构的"实践性-元伦理"逻辑。

1.3 实践性-元伦理逻辑

"实践性-元伦理逻辑"既是"过程-机体哲学"实践性的展开,也意味着一种伦理承诺。"康德相当明确地说过,我们唯对理性物才有伦理上的义务,于是我们对于动物便没有伦理上的义务。……以过程-关系的观点来看待这个经验的世界,就要求我们对所有的生物承担更广泛的伦理责任。……我们的义务不仅是针对人类的……也是针对整个有感觉的天地万物的。"[①]由"在场形而上学"视野出发,以宇宙内含之万物互联、差异共生理想生成为最终目的伦理实践之可能在于超越亚里士多德"实体-属性"思维,因为亚里士多德的"逻辑建立在对抽象意

---

① 梅斯勒:《过程-关系哲学:浅释怀特海》,周邦宪译,贵州人民出版社2009年版,第38页。

识的决定(deliverance)的基础之上,即那种除了对外在事物的指涉之外,把那种性质具体化的实体。科学实践同样以这种被忽略了的特性为基础。为了精确的观察就需要集中注意力于这种观察,从意识中排除所有不相关的经验样式。然而不相关性并不存在。因此,科学整体以被忽略了相关的样式为基础,而这一点却支配着接受这种科学的思维方式的社会群体。由此体系化知识的进步包含两个方面。第一个方面的进步是发现了体系所承认的结构复杂性,其次是发现了体系的局限性,即体系没有指出它对存在样式的环境一致性的依赖,而这种环境一致性与体系内的实体有本质上的内在关系。由于所有的实体都相互关联,任何忽略其中一些事物体系必然要遭受这种局限性"。[1]科学思维如此,政治思维、宗教思维亦如此;对学者而言,"我们现在对各种类型实体的抽象的涵义问题远不只是形而上学的困惑,而是在日常生活中判断事情时实践的善的涵义问题。我们的危险在于采取对某种宇宙的包含在一组事件之中的内在关系的有效观念,并且将这些观念无批判地应用于包含在某种不同内在关系中的其他事件。"[2]怀特海哲学"价值-经验形而上

---

[1] 怀特海:《思想方式》,韩东晖、李红译,华夏出版社1999年版,第68—69页。

[2] 怀特海:《思想方式》,韩东晖、李红译,华夏出版社1999年版,第62—63页。

学"在预设"普遍善"达成可能的同时也认可不同场域中"具体善"的差异性,不同场域生成于不同"事件-对象"所具有的差异化内在关系,因此达成"普遍善"需在伦理实践中经由"去蔽"而逐步达成"自明"。

因此即使机体哲学"并不要求人对当今的伦理问题采取单一的立场,它却肯定对我们思考伦理问题的方式有深刻影响"。[1] 其中就涉及"恶"的存在及"上帝与恶"关系辩证,它不仅是上帝对恶的责任的理论反思问题,它还是一个实践问题和存在问题,"基督教有神论长期依附于作为控制力量的上帝观的一个主要理由是,它能够向所有信徒保证,上帝的意志(撇开所有现象)乃是胜利的意志……冒险把上帝视为无需受难的原创者(author)甚至道德的恶……含蓄地否认了人类自由。……过程有神论……不可能提出上帝的意志总是胜利的意志这种保证。它断言,不管世界上的恶有多大,上帝都说服性地作用于被遗弃的底层人物,因而任何一种善都是可能的。……在这种断言中,并没有发现这样一种保证,即任何一种特殊的恶(包括人种之危险的自我消除)都可以被排除"。[2]基督

---

[1] 梅斯勒:《过程-关系哲学:浅释怀特海》,周邦宪译,贵州人民出版社2009年版,第28页。
[2] 科布、格里芬:《过程神学》,曲跃厚译,中央编译出版社1998年版,第123—124页。

教有神论是神学形而上学体系的"狭窄化",而"过程有神论"则是对"体系化"神学形而上学的突破。"我们的形而上学的知识……是肤浅而不完全的,……形而上学知识引导着人们的想象并为人们的目标论证,没有形而上学的预设,就没有文明。"[1]文明的进步需要形而上学的相应进步,形而上学的进步使得对不同"经验模式/结构"间关系的协调成为可能。"人类在各个时期活动的方向以及同一时期方向上的冲突,便是粗略而现成地解决宇宙问题的结果,而这些结果在人类中得以普及。成百上千万人因为受到对于规律的强烈信仰的激励而勇猛地走向战场。"[2]按照怀特海的理解,认为某种规律将永恒存在,并因此而执着于该规律的守护将会改变受此规律影响的存在者人生轨迹;而该规律的政治化必然会使人群相互分化、对立乃至彼此隔阂,因为对规律的认知或以规律为导向的生存实践会形成与规律相对应的终极生活经验,但"人类关于这些经验的解释差别是很大的。神的名称有耶和华、真主、梵天、在天之父、天之道、第一因、最高的存在、机会等。每一个名称都符合于从使用者经验中引申

---

[1] 怀特海:《观念的历险》,洪伟译,上海译文出版社2013年版,第121页。
[2] 怀特海:《观念的历险》,洪伟译,上海译文出版社2013年版,第127—128页。

出来的一套思想体系"。①关于"耶和华"或"梵天"的宗教经验及相应实践模式与不同文化传统有关,由此而生成的形而上学属于"具体形而上学",具体形而上学既是形而上学"历史性"特征的体现,也是对康德"先验形而上学"的超越。

在康德看来,"除了概念之外,没有什么东西进行认识;因为在一个可知的世界中相互联系的对象都是概念作用的产物,正是通过概念的作用使范畴形式引入感觉材料之中,否则这些感觉材料就只是以时空的感觉之流的形式被直观。知识要求通过概念的作用使这种纯粹的感觉之流得以具体化,从而使这种感觉之流被理解为一种'客体'的结合体。因此,对康德来说,这种使经验得以产生的过程是一种从主体性到现象的客体性的过程。有机哲学则把这种分析倒转过来,把过程理解为从客体性进展到主体性的过程,也就是从外部世界借以作为材料的客体性到统一的个体经验据以形成的主体性。"②具体形而上学也是经验形而上学,它既预设了"有限经验"与"经验总体"在体系化建构中的相互生成,也说明若既有

---

① 怀特海:《科学与近代世界》,何钦译,商务印书馆1959年版,第171页。
② 怀特海:《过程与实在》,李步楼译,商务印书馆2012年版,第244页。

体系无法对处于演化中的经验世界做出合理阐释,那就有必要突破原有哲学体系的封闭而予以创造性发展;而为康德哲学所预设的是一套"体系化的概念框架"而非那依然有待历史过程予以拓展的"经验总体",有机哲学对康德哲学的倒转也是"归纳逻辑"对"演绎逻辑"历史性替代。"按照有机哲学,归纳推理由于一个隐含的前提而获得有效性。这个隐含的前提就是,特定未来是通过归纳方法证明了的判断的逻辑主体,这种特定未来将会包含与拥有特定经验的当前主体极为类似的现实性。……它还假定了,这种特定的未来来自现在,通过连续性继承使这种条件得以保存。因而这里存在着保持一般社群环境的预设前提——或者是通过判断主体,或者更直接地通过保持一般类型物质世界对于命题的一个或更多的逻辑主体所必需的预设的特性。……在对归纳的这个讨论中,有机哲学似乎是扩展了伦理学讨论的前提:人是一种社会动物。与此类似,每一个现实机缘都是社群性的,所以当我们设定任何持续型的现实机缘存在时,我们同时也设定了包含在环境中不同类型的社群。"[①]所谓"现实机缘(现实实有)"即怀特海"机体哲学"逻辑展开的基本单位。每一个"现实实有"都处于与别的"现实实有"间内在

---

① 怀特海:《过程与实在》,李步楼译,商务印书馆 2012 年版,第 317—318 页。

关系过程,前一个"实有"在"自然流程(passage of nature)"中"客体化"于"当下实有"中,而当下实有又蕴含着"未来实有"之"达成态"的潜在因子,从而使任何一个在"刹那间"存在的现实实有都同时将"过去、现在与未来"包容其"空间结构"中,进而成为怀特海"机体哲学"具有终极形而上意义的"原子式"存在。

每一个原子都是一个万物的系统,万物之间相互内在是一种关联式的存在,没有自然社会,人类社会将失去依存之可能,因为宇宙总体中除"人类社会"外还有别的类型社会存在的。"第一种类型是人类的存在,身体的和心灵的;第二种包括所有种类的动物生命:昆虫、脊椎动物及其他物种的类型,实际上就是除人之外的所有动物;第三种包括了所有植物;第四种由单细胞生物组成;第五种由所有大的无机物的聚合体构成,它们在尺度上与动物体相仿或更大;第六种是在极其微小的尺度上的、由现代物理学的精密分析所揭示出来的显像。"[1]内含于"总体宇宙"中六种范围(尺度)大小不一的"社会系统"就其"本体"而言属于相互内在关系,本体上的"相互内在"使得不同社会系统同时处于逻辑上的"相互预设"中,最终使"宇宙系统"的存在成为一种开放性、发展中的"总体预设",

---

[1] 怀特海:《思想方式》,韩东晖、李红译,华夏出版社 1999 年版,第138 页。

这正是怀特海"经验形而上学"逻辑起步之处。

作为总体预设的"宇宙系统"保证了怀特海哲学的"体系构建",而以"经验总体"之审美达成为最终目的的具体哲学过程则要求"建构中的体系"不断回返到具体经验场域中以验证其阐释效果,而"原子式"具体经验场域都是有限的,都是从某一侧面对"宇宙总体"的透视,从而使其"宇宙学"阐释历史性地展视为"神学形而上学"、"哲学形而上学"与"美学形而上学"相互预设且彼此同时性存在的历史过程。这就是"为什么将形而上学理解为一门'演绎的'科学不仅是错误的,而且是有害的。……'演绎的'形而上学的野心是将绝对预设的集群呈现为一种没有张力的结构……"[①]失去介于"神学、哲学与美学"间张力互动,形而上学的"绝对预设"与其"体系生成"不仅会处于一种"外在关系"过程,同时也导致"哲学活动"失去对"经验现实"的关照而闭锁于封闭体系中。所谓"绝对预设集群"间张力与其说源自不同体系间的互动,不如是源自"现实实有"自身内在张力所致,因为内在于某"现实实有"过程的恰恰是包含于某"社会体"中特定事态与事件、事件与事情及事情与事实间复杂关系过程,这恰恰为传统形而上学所遗忘。"从希腊时代开始,就有这样一

---

① 柯林伍德:《形而上学论》,宫睿译,北京大学出版社 2007 年版,第 59 页。

个错误阻碍了欧洲形而上学的发展,即将各种社会与现实事态的完全真实的事物混淆。……社会作为一个完全的存在,保持着同一的形而上学地位,拥有一种对变化的情况作出应变反应的历史。但一个现实的事态没有这种历史,它从不变化,它只是形成和衰亡,它的衰亡在宇宙的创造性进展中是一种新的形而上学作用的假定。"[1]"社会-事态"并非处于同一个功能层面,理解"事态"涉及"事素、事物、事实、事态、事情及事件"间复杂互动,这意味着理解怀特海哲学要从其"自然哲学"开始。

第二节 怀特海自然哲学

对于包括怀特海在内的自然哲学来说,自然自身是否拥有对自身演化过程予以解释能力(关于自然生成与连续性生成的阐释与阐释效果)的问题始终是自然哲学需回答的"规律性"问题,而"规律"即"某种量度的规则性或持续性重现,它是趋向技术、方法论、学问或思辨的一个基本要素。如果事物的性质中没有某种稳定的均衡性,那么就没有知识、没有有用的方法和没有理性的目标"。[2] 规律即"某种规则"的持续性"重现",对于可持

---

[1] 怀特海:《观念的历险》,洪伟译,上海译文出版社2013年版,第193页。
[2] 怀特海:《观念的历险》,洪伟译,上海译文出版社2013年版,第103页。

续性重现的"规则性"对象的寻求则涉及"思辨与学问"间辩证。"思辨采取一些可供选择的理论,它在表面上是怀疑的,搅得已有的偏见不得安定。它从一种深刻的终极信仰中得到驱动力,即认为依靠理性可以探究到事物的本质。而学问将其注意力限定于已经被接受的方法上,表面上体现出信仰上保守,但其精神基调倾向于一种基本的否定。对学者而言,这个世界的合理主题处于孤立的范围内,或是这个论题或是那个论题。"[①]就自然哲学来说,"思辨与学问"关系涉及到"知识建构"与"价值关怀"关系问题,即"自然哲学"是否有必要涉及"价值关怀"问题,处于"自然哲学"阶段的怀特海哲学对此予以肯定,并体现于关于自然规律的四种学说的分析比较中。"内在规律学说;规律外部强加学说;作为观察到的连续秩序的学说,换句话说,规律仅仅作为描述;最后规律作为惯常解释的学说。"[②]其中与"强加学说"有关的主要有牛顿与笛卡尔学说,牛顿力学所暗含的"自然神论"许诺了"上帝"的超越性存在,而笛卡尔"实体说"中的"实体"则视以"纯粹存在(虚无)"为其特征的"实体"为具有自我演化、

---

① 怀特海:《观念的历险》,洪伟译,上海译文出版社2013年版,第102页。
② 怀特海:《观念的历险》,洪伟译,上海译文出版社2013年版,第105页。

自我阐释与自我维系的"终极存在者",在割裂"体系构建"与"经验检验"关系同时导致了"自然的简化"。以"实证主义"为其原则的"第三种规律学说"则认为"规律"即是对所观察事物的陈述,至于作为"惯常解释"而存在的"规律"基本上为生活于"常人状态"中的人们所无意识地遵从,而"内在规律"学说属于彻底的理性主义学说。"自然的秩序表达了真正事物的特征,它们共同构成我们在自然中的所见的存在。……自然事物的各种特征中的模式的同一性会导致这些事物相互关系中的模式的同一性,而相互关系中的这些同一性便是自然规律。……由于自然的规律以组成自然的个别特征为基础,当事物变化时,相应地规律也发生变化。所以,现代的物质宇宙演进的观点认为,自然的规律应该和构成环境的事物同时演进。"[①]"模式或相互关系中的模式同一性"是怀特海自然哲学"自然齐一性"学说的表达,理解之需对"时空观""事件观"及"契入"等概念有恰当把握。

1.1 科学唯物论批判

有两条主线构成怀特海自然哲学核心,"一是对科学唯物论的批判,一是根据以'事件论'和'对象论'为核心

---

① 怀特海:《观念的历险》,洪伟译,上海译文出版社 2013 年版,第 105—106 页。

的'知觉论',提出自然是'创化进程'的理念。"[1]其中对"科学唯物论"批判的核心在于"时空观"演化,"牛顿把所有系统要素——尤其是质量和作用力——都置于相互分离的事实之中,而这些事实却缺乏使它们出现(compresence)的任何原因。他就这样阐明了一个哲学上的真理:一个死的自然无法给出任何原因。所有的终极原因都以价值为鹄的,而一个死的自然就没有任何鹄的。生命的本质就是它为着自身而存在,这是价值的真正获得。……把牛顿和休谟结合起来看,我们就会得到一个贫乏的概念,即一个知觉领域——却缺乏能够解释自身的材料,一个解释系统——却缺乏使其中的各种要素获得一致的原因。"[2]"机体论"与"机械唯物论"区别在于"自然是否拥有自我阐释能力";换句话说,对于发生在自然界中的运动,自然自身是否能够提供合理解释?若答案为否,那就必须借助"超自然"力量来解释,反之则有必要发展出一种新型"自然观",怀特海"机体自然观"即是其一。"现代的观点表达为能量、活动和时空振动性的分化。任何局部的扰动都能动摇整个宇宙,远距离的效果是微小的,但它

---

[1] 俞懿娴:《怀特海自然哲学:机体哲学初探》,北京大学出版社 2012 年版,第 21 页。
[2] 怀特海:《思想方式》,韩东晖、李红译,华夏出版社 1999 年版,第 121 页。

确实是存在的。……扰动的群体,即我们所称的物质,被融合在其环境之中。不存在一个超然独立、自我持存的局部存在的可能性,因为环境渗入了每一个存在的本质之中。"①这意味着从"绝对时空"向"相对时空"的自然演化,这种演化使"时空"由"本质性"先验范畴变为经验过程中因不同事件关系变化而生成"派生性"时空关系,其目的是要否定通常所普遍认为的关于"时-空关系"外在性的看法。

一般地说,"外在关系"视野中的空间是静态、绝对且空无一物的"空间",机体论视野中的时空关系属于"多种时空体系"同时存在的"相互内在关系",这就使作为宇宙基本元素而存在的"物质"为"事件"所替换:"事件的关连性在一个事件本身说来完全是内在关系。……事件只能在它本身所在的地方,并且呈现出它本身所呈现的情况。换句话说,它只能处于一套固定的关系中。因为每一种关系都参与到事件的本质里,所以离开这种关系,事件甚至就不能成为其本身了。"②与"事件"相关的是"内在规律",而"绝对时空"与"规律外部强加学说"有关,其中就

---

① 怀特海:《思想方式》,韩东晖、李红译,华夏出版社1999年版,第123—124页。
② 怀特海:《科学与近代世界》,何钦译,商务印书馆1959年版,第119页。

包括自然哲学予以批判的"实体说";怀特海认为,机体论的自然哲学必须从唯物论哲学所要求的东西的反面出发。唯物论的出发点是独立存在的实体——物质与精神:物质受着空间运动的外在关系的改变,而精神则受着思维对象的改变。"在这种唯物主义的理论中,两类独立的实体都受着与各自相应的激情的改变。而机体论的出发点则是事物处于互相关联的共域中的体现过程。在这儿事件才是实在事物的单位。发生态持续模式是发生达成态的稳定,这样达成态就能在过程中保持自我同一而成为一个事实。……持续性是在整个事件的各时限部分中找得其重复产生的模式的性质。唯有在这种意义下,整个的事件才有一个持续的模式。"①"处于持续模式"中的"事件"所以持续是事件背后的"对象"以其独有方式"契入"事件使然,而"事件整体"是包括"事素、事物、事实、事态及事情"等复杂互动的关系过程。"把机体的假说作哲学的基础应当……归功于莱布尼茨。他的单子就是终极地真实的实有。……他对于三种东西未作区别:一种是作为经验单位的事件,一种是稳定后获得意义的持续机体,另一种是表现个体化进一步完整的认识

---

① 怀特海:《科学与近代世界》,何钦译,商务印书馆1959年版,第146页。

机体。……这种多种关系是一种透视。"[①]"持续机体"与"认识机体"都是卷入"对象-事件"过程中的机体,"持续机体"的持续性离不开机体对"对象-事件"关系过程的准确把握。因参与事件过程,由此有可能把握"对象-事件"多元关系的机体认识到完整把握"对象-事件"多元关系须立足"透视主义"多样化视角才可能逐步抵近"对象-事件"多元关系中的持续性模式;"认识机体"构成"持续机体"的部分,而"持续机体"又是更大"认识机体"的部分,如此相互内在又彼此涵摄,进而使整个自然世界处于系列事件不断生成过程:一方面使"自然无部分"成为一种有待不断去经验的过程,另一方面"事件"是如何被经验的则与对"自然流程(the passage of nature)"理解相关。

1.2 流程、事件与创造性进展

在怀特海自然哲学中,"时间"所以可能源自"事件"的抽象化。"时间表达了自然流程的某种性质,这'流程'被称作是自然的'创生进程'。……'流程'与'过程'是时间与空间的'转换'(transition),自然之所以'不断进行'

---

① 怀特海:《科学与近代世界》,何钦译,商务印书馆 1959 年版,第 149 页。

(moving on),正是出于时空不断的转换。"①怀特海概念"流程"所要表达是一种非日常意义的"不可测量的""时段"时间,该"时段"正是"事件""被经验"的生命过程,其中因机体论对于唯物论的取代而使"质量与能量的关系颠倒了。物质变成了一定量的能相对于其本身的某种动态效应而言的名称。……能是基本的,代替了物质的地位。但能仅是事象结构的量态名称。……它必须依靠机体发生功用这一概念"。②作为"经验者"自身"躯体"也因此在事件化的同时而成为"能"之承载/感受者,而无论是"受/被能或赋能"都是"经验者"处于"能量流"程中的躯体机体的自然过程,它(他/她)不可能对"能"保持中立或失去对"能"的感受性,而对"能"的感受有消极或积极两种感受方式,无论消极或积极都属于"经验事件过程"的组成部分。对"能"的感受及同时性反应是我们"觉知"世界(能知/所知)的方式,我们通过视觉、嗅觉及味觉等不同感知渠道对能流世界予以感知的同时也进行着评价与相应选择。

换言之,对于"事件"经验是一项综合性感知过程,因

---

① 俞懿娴:《怀特海自然哲学:机体哲学初探》,北京大学出版社 2012 年版,第 174—175 页。
② 怀特海:《科学与近代世界》,何钦译,商务印书馆 1959 年版,第 99 页。

为"情感、信念及精神"等觉知方式也"同时性"地参与到对"周围世界"摄入性感受中,进而生成"觉知事件",并同时使"觉知事件"牵涉到"觉知对象、觉知事件、整个自然事件及被知觉的特殊事件"关系过程中。而经验并非是对世界自身的经验,而是对世界某个侧面的经验,当我们在谈论世界中的某物时,我们事实上是在叙述(重述/转述)我们自己关于该物、该物与他物间的经验,或重述/转述某人关于该物的经验,哲学经验尤其如此。"外在的自然固然是'事件',而那被知觉到的'事件'同时也是整个自然的……一部分;整个自然便是这'事件'的背景,而知觉者本身也处于某个'事件'之中,便是所谓的'觉知事件'。"[①]为"觉知事件"所唤醒的是"觉知者"对于自身"原子式"存在的主动感知,并使之与自然与个体间的"浑然一体"呈现出"方位感/层次感";"在知觉之前的整体自然既是'事件'也是'时段'。与这时段'共存'的知觉和自然一体,彼此交相关联,二者间是整体与部分的关系。"[②]"与时段"共存的感觉是对"时段"之"绵延与厚度"的"即时感","绵延"即内在于整体自然中"觉知者"对于"自然流

---

① 俞懿娴:《怀特海自然哲学:机体哲学初探》,北京大学出版社 2012 年版,第 171 页。
② 俞懿娴:《怀特海自然哲学:机体哲学初探》,北京大学出版社 2012 年版,第 172 页。

程"的觉知,而"厚度"则"刹那间""四维时空"的会聚,这正是"内在关系-事件"关系使然。"事件所以能成为事件,就是因为它把多种关系综合到本身之中去了。……像这样全面地表现出来的关系格架,变成了一个事件综合体的格架,其中具有各种不同的关系;有些是整体与部分的关系,有些是各部分在一个整体中连合起来的关系。……一个事件如果在所有的事件综合体中失去了地位,而成为孤立事件,那么它便被本身的性质所排斥而不能成为事件了。因此,整体显然对各部分具有组成作用。而关系的内在性也诚然是通过这个全面的抽象外在关系格架表现出来的。"[①]"事件"使得"外在-内在关系"过程被勾连起来,也使"时-空系统"派生性被凸显,没有"觉知事件"及由此而来的关于"自然流程"的认知,"时空"之本质认知就依然处于被遮蔽状态;而"把'事件'这一名称赋予时空性的事态,事件没有快速变化的含义。……自然作为本质性的生成,把自己展示给我们……是为其内容的所有特点所吸引的自然生成性(becomingness)部分。因此,所谓自然就是形成系统结构而相互规定意义的事件的生成性,我们用时间和空间来表示事件的这种系统结

---

① 怀特海:《科学与近代世界》,何钦译,商务印书馆1959年版,第120页。

构性。所以,时间和空间是从这种结构中抽象出来的"。①既然"觉知前"自然是处于"绵延中"的自然,而"绵延"中的自然则是诸多重叠共在"时段"构成的"整体自然";与此相对,"觉知事件"中的自然则因"觉知者"个体差异而呈现出差异性,这就使某"时间系列"前后相续中呈现出的独特性不一定适用于所有人。"自然之中有许多不同的时间系统,这些不同的系统涵盖了许多不同的阶层化系统。因此时间阶层化的独特性既是人人共有的思想,也是个人独具的片面经验。"②这里涉及与"自然流程"相关而又有差异的"心灵流程",因为"心灵"在时间或空间中的意义显然更多地为个体"生命体验"所赋予,所以关于"外在自然"与"个人经验自然"二分并不成立,"自然两橛"论是前述"规律外部强加学说"使然,"自然神论"意义上的"自然之所是"皆为"上帝之所是",自然协调性之完美来自"上帝"自身完美,是作为"绝对设计者"的上帝使自然及其演化保持完美协调。因此哲学再怎么努力最终也必须诉诸"上帝",究其终极是传统神学家对形而上学"历史性"缺乏认知所致。

---

① 田中裕:《怀特海:有机哲学》,包国光译,河北教育出版社2001年版,第59页。
② 俞懿娴:《怀特海自然哲学:机体哲学初探》,北京大学出版社2012年版,第183页。

至于"内在规律学说"则因强调"人与自然"相互生成从而使"心灵与自然"处于共存关系,"经验自然"与"外在自然"也在人与自然的彼此互生中演化为"属性自然"与"相关性自然",进而使"事件"成为"自然事素的终极单位。事件与一切的存在都相关,尤其与其他事件有关。事件的混合是通过声、色、臭、几何性质等永恒客观的位态实现的。这些永恒客体是自然所要求的,但却不是从自然中产生。它们在某一事件之中形成组成部分时,将以限制另一事件的外观或位态出现。位态之间存在着相关性,而且也有位态的模式。每一个事件都符合于两种模式:第一种是该事件将其他事件的位态摄入其自身统一体的模式,另一种是其他事件将该事件的位态分别摄入本身统一体中去的模式。因此,一个非唯物主义的自然哲学将把原始机体看成被摄入某一实在事件统一体的特殊模式的发生态。这种模式也包括该事件被摄入其他事件,因而使其他事件受到改变或局部决定的位态。"[①]所以一个事件便有内在的实在和外在的实在,也就是存在于本身范围之内的事件,或存在于其他事件范围之内的事件。从而一个机体的观念便包括机体交互作用的概

[①] 怀特海:《科学与近代世界》,何钦译,商务印书馆1959年版,第100—101页。

念。立足"纯粹存在"视角,某块处于戈壁滩和山脉间乱石丛中向天矗立且呈较清晰"几何状"条状石块与其周边世界诸存在物间之关系过程即处于自我演化过程中"原始机体"。对于生活于惯习状态且失去生命敏感性的人来说,随着对于"纯粹原始自然体"之逐步置身,个体躯体也随之进入因"身体-外在自然"交互关系而发生的"多事件"同时性共存互动而生成的初级阶段"觉知事件"。随着包括视觉、触觉及嗅觉等不同身体感知方式的功能性交联,初级阶段的"觉知事件"向着高级阶段予以演化,并因与"几何状"条块石的交互而生成具备"超越性取向"的事件统一体,这种"超越性取向"因为涉及"信仰对象"的选择就存在"肯定/否定性摄入"过程,无论最后选择是"神秘自然力"抑或"生殖崇拜",这种更大包容性"事件统一体"的生成也是"外在-内在关系"过程联动的结果,也确证了以身体为中介的"心灵与自然共存"之执拗事实。需要强调的是,怀特海自然哲学所达成的由"机体论"对"唯物论"的替换只是实现了对"物质"功能理解方面的转变,物质并未因对于"事件"的强调而被替换,物依然是物并处于与周遭环境的"事件"关系中,只是"物质对象不是先于事件的实体,而被降格在同样是修饰四维世界的世界线的'描述态'的位置。在此界限内,物质是以四维世界为主词的谓词,……而且虽说四维世界占据了主词的位置,但并不具有可代替物质的实体性。在怀特海的用法中,'世界'无非是事件的集合"。①这是怀特海自然哲学所达成的对亚里士多德形而上学"实体-属性"思维惯性的超越,这种超越在使"物质实体性"被取消的同时也使"相对性原理(与生成相对,存在是作为'潜能'而存在的)"被彰显。

因为"生成"是"存在"的达成,而"存在"则蕴含着"生成"的可能,认知的突破导致亚里士多德"实体-属性"关系被转换为理解自然方面的"属性认知"与"相关性认知"。其中"属性认知(事物之偶性)"是对事件成分的主动认识,而"相关性认知(事物之本质性时空结构)"则是对事件成分的被动认知,这种认知的可能需借助"心灵流程"为中介,也导致怀特海"骤然性"概念的出现。所谓"骤然性,意思就是被记忆、预测、想像或思想的东西,完全包括在一个有限的复杂概念之中。在每种情形之下都有一个有限的永恒客体包容在该事态之中,作为一个有限等级体系的顶点"。② 其中之"永恒客体"即因事件过程而逐步显身的"对象性存在","骤然体现"是机械论自然观向机体自然观转化的结果,因为"对象"对于事件的"契入"使自然之"等级状况"被"展视"出来。传统形而上学

---

① 田中裕:《怀特海:有机哲学》,包国光译,河北教育出版社2001年版,第58页。
② 怀特海:《科学与近代世界》,何钦译,商务印书馆1959年版,第164页。

"实体-属性"所生成的体系即"有限等级体系",作为机体自然哲学"认识论"的"事件论"之价值就在于"传统形而上学"因对于"形而上学""历史性"本质认识的缺乏,由"外在规律"演绎而成的哲学体系缺乏与"现实经验"的有效对接,主要在于"自然两撅"引起"简单位置",最终生成"具体性误置"。

因为传统形而上学体系所生成的体系属于"有限体系",并没有考虑到自然世界"阶层化本质",故而在因"事件过程"而引发的达成态"瞬间(刹那)"生成"骤然体现";而"永恒客体像这样骤然被综合在一个事态中,便是把永恒领域中的分析性质包容在实际性中。这种包容具有每一个事态由于本质上的限制而生成的有限实际性等级,正是这种在实际事态相互关联之外体现的永恒关联性的扩张,将全部永恒关联性包容到每一个事态中去了。这种骤然体现我称之为'等级展视',每一个事态都把它包容到自己的综合体中去。等级展视便是实际事态把某种意义下不存在的东西作为积极因素包容到它本身的达成态中去的过程。这就是错误、真理、艺术、伦理和宗教的根源。由于它,事实才有不同的可能。"[①]"永恒客体"概念源自自然哲学中"对象"概念,而处于"事件处境"中的"对象"则又可具体化为"感觉对象、知觉对象、物质对象及科

---

① 怀特海:《科学与近代世界》,何钦译,商务印书馆1959年版,第169页。

学对象"等。对怀特海哲学演化过程来说最重要因素恰恰是构成其终极因的"价值自身",因为它和我们的生存有关系。"我们生存的基础是对价值(worth)的感受,这一价值实质上预设了是有价值的(worth)东西。这里的价值概念不应当纯粹是在赞美的意义上来解释,它的意义在于存在是完全为了自身的,是对自身的辩护,是具有它自己的特性的。"[1]"有价值的东西"是需通过实践逐步达成的,而价值实践的达成离不开对不同价值序列的分辨与认知。这种分辨"只是对现实的模糊的把握,并把现实剖析为三重组合:整体(The Whole)、他者(The Other)和我自己(This-Myself)。……这一划分的基础是作为价值体验的生存感受,这就是说,整个的价值体验被区分为这个价值体验和那些价值体验。这里既有多即是一的模糊涵义,也有一包含多的模糊涵义,甚至还有一的双重涵义,即一即一切和多中之一。"[2]"整体、我自己与他者"之关联说明对于价值的体验是个时间性过程,因为"整体价值或价值整体"显然不是被"先验地"给定,并按自身逻辑自行演化的。对于价值的体验具有主动性与参与性,对于"他者价值"的积极参与有可能在使参与者原有"价值

---

[1] 怀特海:《思想方式》,韩东晖、李红译,华夏出版社1999年版,第99页。
[2] 怀特海:《思想方式》,韩东晖、李红译,华夏出版社1999年版,第99—100页。

序列"被修正的同时也拓展了其生命价值的认知。

所以"整体价值"属于一个被逐步拓宽的过程,因为"我们每一个人作为我们之中的一员,都是众多他者中的一个,我们全都包含在整体的统一性之中。……任何事物对自身、他者和整体都有价值。……我们没有权利诋毁作为宇宙真正本质的价值体验。存在就其自身的本性而言,维持着价值强度(value-intensity),而且哪一个个体单位也不能把自己从他物和整体中分离开来。不过,每一个单位也都有其自身的存在权利,它支撑着自己的价值强度,而这一点包含了与宇宙共享的价值强度。……随着与具有价值感的宇宙相联系的清晰的感觉的出现,人类经验的世界也就被确定下来了"。[①] 价值强度的提升与经验视域的扩大相互生成,这需要经验者自身"感知觉"视域的逐步扩大,没有认识到人类与宇宙社会中别的机体间相互依赖关系与"整体感"的具备,他者将始终是"他者"并成为人类的客体认知对象,人类自身也免不了被他者化的命运。

1.3 "契入-事件/对象"关系辩证

怀特海认为形而上学若不与具体经验世界发生关联,就会因追求体系化而迷失于体系建构幻梦中;因为

[①] 怀特海:《思想方式》,韩东晖、李红译,华夏出版社1999年版,第100页。

"思辨体系应当是系统化的,但又向未来的修正或修改开放。体系必须既是可错的,又是可更改的,它的必然性只和特定的历史处境相连。……哲学的工作就是弄懂全部经验所在地的意义……"①所谓全部经验即"经验总体"。对于"经验总体"的趋近并非一蹴而就,反而是一个历史化进程,这就意味着任何经验对象都是具体化、场域化的。怀特海机体自然哲学的生成首先是对"主观主义/客观主义"经验论的批判,主观主义"经验论"具备如下特征,"我们直接经验的本质是具有这种经验的主体在知觉上的特征所产生的结果。……被感知的对象不是一般独立于认识行为以外的一批事物的局部观,而是认识行为所显示的个体特征。因此,认识行为的多样性所共有的东西就是与之相连的判断。同时,虽然有一个共同的思想世界和我们的感性知觉相联系,但却没有一个共同的世界作为思索的对象。我们所思索的是一个共同的知觉世界,它可以毫无区别地应用到只属于个人的个体经验上。"②事实上,"觉知者"个体所经验到的仅仅是对"自然属性"的认知,随着"觉知者"个体处境的改变,同样的"知觉对象"也可呈现为不同的"属性表达",对于"觉知者个

---

① 菲利普·罗斯:《怀特海》,李超杰译,清华大学出版社 2019 年版,第 18 页。
② 怀特海:《科学与近代世界》,何钦译,商务印书馆 1959 年版,第 86 页。

体"经验表达的执念最终会生成"外部规律强加学说",而"客观主义"则因忽视个体觉知者的经验表达而逻辑地生成"实证主义"。"现存世界是事物构成的一个复合体,其中包括我们的认识,但又超越于我们的认识之上。……被经验的东西应与有关它们的知识分别开来。由于知识依赖着事物,所以事物为认识铺平了道路。要紧的是被经验的实际事物,进入一个超越于认识之上但又包括着认识的共同世界之中。中间派主观主义者认为被经验的事物只是由于它们依赖于认识行为所在的主体,才间接地进入共同世界。客观主义则认为被经验的事物和认识的主体在平等地位上进入共同世界。"[①]即使事物为认知铺平了道路,但"事物自身(实在总体)"是关系性统一,没有觉知者基于个体经验"协商与对话",关于"事物自身"的表达终归是"自说自话"。若不能共享感性的共同世界,思维的共同世界之共享又如何可能?怀特海机体自然学说倡导"多元实在论(透视主义)",这是怀特海"知觉关系论"哲学前提。

怀特海以"关系论"为核心的"知觉论"主张"知觉活动涵盖了'事件'与'对象'之间多种复杂关系……'对象'以'事件'为'处境';……'对象契入事件'。……'处境'是对象与事件之间的特别关系,'契入'(ingression)则是普遍关

[①] 怀特海:《科学与近代世界》,何钦译,商务印书馆1959年版,第86页。

系(universal relation)以及多项关系(many-termed relation)"。① "矗立状儿何条石"所以会给个体觉知者超越性感知是因为觉知者个体处境的转换,但以条石为中介而生成关于超越性"对象所以是对象"是因为不同觉知者可以之为中介生成不同的超越性体验,但就"超越性需要"自身而言却是为不同觉知者所共同拥有的。换言之,"对象是事件的恒常性质,事件根据对象塑造自身,正是因为两者之间有契入的关系。不过说'契入'是对象与事件之间的'普遍关系',就是说相同的对象可以同时存在于不同的事件之中。……怀特海所谓的'对象'并不是具体的事物,而是抽象的自然成分,所以相同的对象当然可以同时遍在多个事件之中,而这样的关系就是'契入'。"② 以宗教经验论,虽然基督教之"神"、伊斯兰教之"真主"及佛教"梵天"等各自在经验表达方面具有差异性,但差异化宗教③经验的不同

---

① 俞懿娴:《怀特海自然哲学:机体哲学初探》,北京大学出版社 2012 年版,第 186 页。
② 俞懿娴:《怀特海自然哲学:机体哲学初探》,北京大学出版社 2012 年版,第 188 页。
③ 过程哲学倡导一种"为他者"的伦理承诺,关心并拥抱他者其实就是爱护我们自己,这意味着对于传统实体论宗教观的超越,"过程哲学倡导一种共情主义的情怀,引领我们走出自我和自爱的小世界,旨在……拓宽我们的爱,它令我们的爱扩展到他者,拓展到他人,拓展到大自然的万事万物。……在这个意义上,怀特海把宗教定义为'对世界的忠诚'(religion is world-loyalty)。……在怀特海眼

"专名"都是作为"超越性对象"而存在的。由此可认为基督徒宗教经验中的"基督与事件"就是"处境关系",而作为"对象"存在的"超越者"则遍在于不同宗教事件中,并在事实上支配着基督教神学的历史化进程,也包括立足怀特海哲学前提而生成的"过程神学"。

"对象"对于"事件"的"契入"除普遍关系外还涉及"多项关系";"多项关系"是对传统形而上学"共相-殊相"(实体-属性)二元关系的替换。"在知觉活动里,除了同时并存的知觉者与被知觉物之外,还有许多其他的情景条件,是对象与事件的关系,不是'共相与殊相'的二元关系所能含括的。"① 再以前述"几何状矗立式条石"为例,个体觉知者对于"条石"的觉知生成三个同时发生的事件,首先是"觉知者"躯体生命事件,其次是"条石"所在处境事件,其三则是因觉知行为而呈现的整体自然事件,这也是前述"原子论"是终极形而上事实的内涵。进一步说,与静态且个体性"处境"相比,由"契入"概念而生成的"普

里,宗教最终的目标是要扩展个体的关注,使之超越它那自败的特殊性,从而融入普通,走向永恒。……这无异于中国古代哲人所追求的天人合一境界的另类表达。"(杨富斌、郭海鹏主编:《走向怀特海世纪:纪念怀特海〈自然知识原理研究〉出版一百周年学术论文集》,上海三联书店 2021 年版,第 140 页。)
① 俞懿娴:《怀特海自然哲学:机体哲学初探》,北京大学出版社 2012 年版,第 195 页。

遍-多元关系"体现出具有恒常性特征的感知对象与不断变化的具体事件间复杂关系。本质上说所谓"对象契入事件,是事件根据对象的存在塑造自己特质的一种方式。也就是说事件之所以为事件,正是因为对象之所以为对象。……当我想到对象之于事件的塑造作用,我便称这两者之间具有'对象契入事件'的关系;同样地,我们也可以说对象之所以为对象,正是因为事件之所以为事件"。[①]怀特海借此想要阐明的是因"对象"与"事件"相互生成而蕴含的"事件/自然齐一性"规律间关系。该关系也反映在"总体宇宙"所内含的六种范围(尺度)大小不一的"社会系统"中,这也是机体哲学原初出发点。

怀特海机体自然哲学是对柏格森"生机论"的批判性超越,因为"生机论"通过将自然划分为生命与机械物质两种领域,在使机械论主宰无生命自然界的同时,却无法纵横于充满生命力的个体社会里。怀特海认为这是一种无法使人满意的妥协,究其原因依然是"简单定位"所致,而为这种"简单定位"所支配的"时空关系"依然是抽象化的先天存在范畴。事实上,"时-空系统"只是因应"对象契入事件"而生成的派生性多元系统,"对象与事件"相互生成最终导致"自然流程"体现为彼此关联的事件连续

[①] 俞懿娴:《怀特海自然哲学:机体哲学初探》,北京大学出版社 2012 年版,第 187 页。

体,不同事件在相互进入的同时也彼此包容于"尺度"大小不一的不同社会体中,因而"自然……是包容统一体的综合。时间与空间则表现着这些包容体之间交互关系的一般格式,其中的任何一个都无法从这一关联组织中除去。但其中每一包容体都具有整个综合体所具有的实在性。反过来说,整体也具有每一个包容体那样的实在性,因为每一个包容体都统一了从它本身出发赋予整体中其他部分的样态。包容体就是一个统一的过程。因而自然是一个扩张性的发展过程,它必然从一个包容体过渡到另一个包容体。被达成的东西就被放到后面去了,但却仍有本身的位态呈现于未来的包容体中,因而又被保存下来了。因此自然便是一个演化过程的结构"。[1] 所谓"包容"及"包容体"的达成态就是在"时空连续体"中将事件与事件、事件与对象及对象与对象间在相互关联的意义上立足价值偏好予以整理综合过程。

具体而论,"事件"相对于"对象"是外在的,而"对象"则内在于"相关系列事件"中,这就使"事件"成为一个外在场域。当然若没有相关联的对象之"指示作用",事件之生成也是不可能的,而无论是"事件与事件之间,还是事件与事件之间、对象与对象之间都有着相互关联的指

---

[1] 怀特海:《科学与近代世界》,何钦译,商务印书馆1959年版,第70页。

示意义,所有的指示关系都有'齐一的意义',这'齐一意义'建立在自然最普遍的特质之上;也就是一切事件的时空关联。只要能把握这项关系……便可以从现前立即的被知觉的事件推知遥远的事件。因为这些关系有'系统的齐一性'(systematic uniformity),使我们能举一反三。这也正是归纳法的预设"。[1] 与"外部强加规律学说"之"绝对预设"相对,"归纳法或归纳逻辑"与"相对预设"相关,而"相对预设"则源自"内在关系学说"观照下"事件与事件间、事件与对象间及对象与对象间"的"相对预设"。这种逻辑上的彼此连锁与相互关联使"'自然齐一性'[2]或'齐一意义',就和经验意义、相关性意义、事件与事件之

---

[1] 俞懿娴:《怀特海自然哲学:机体哲学初探》,北京大学出版社2012年版,第110页。

[2] 所谓"自然齐一性"即存在某种"自然秩序"或自然界存在某种可理解秩序的观念,"近代科学,亦即在17世纪变得明朗起来,而且持续至今的那种类型的科学工作,其基本假设就是一种广泛传播、出自本能的信念,相信存在着一种事物的秩序,特别是一种自然界的秩序。……在伽利略、牛顿及其后继者的科学体系中,实验的检验是真理的最高标准。……如果没有那个前提性的假设……即认为自然界构成一种可以理解的秩序……实验的概念本身就会被一笔勾销了。因而这个假设是决定性、具有绝对意义的。怀特海教授很清楚地表明,这个对于科学的可能性的信仰,产生于近代科学理论的发展之前,系无意识地导源自中世纪的神学。"(罗伯特·金·默顿:《十七世纪英格兰的科学、技术与社会》,范岱年等译,商务印书馆2017年版,第153—154页。)

间的意义、事件特质与事件之间的意义一样,必然和知觉者的觉察与体会紧密相关。自然是'被体会的过程',而'意义'正是知觉所体会出来的。……知觉的对象是'事实',但是这个事实不是'物质',而是彼此交相关联的'事件'。事件与事件之间、事件与物体之间彼此相互给予'意义',因而构成了有规律、有系统的自然"。① "纯粹存在"上的自然若没有人类参与也只是个荒寂的所在。"外部强加规律学说"虽然或通过创世神话而使自然成为神的"道场",或则通过包括"时空架构"在内的先验综合范畴推演出"自然世界"的存在,不过那"自然世界"也仅只充当了"范畴体系"的辅助性材料而已。以"内在关系"为前提、以"对象-事件"相互学说为基础的怀特海机体自然学说直面人类知识之有限性特征,认为"自然的事实不是抽象的概念,也不牵涉价值、审美的判断,只是感官觉察直接认识的内容。由于自然本身远超过我们所能觉察的范围,因之在思想上有关自然复杂的结构永远不会完整,正好像感官觉察永远无法穷尽自然的每一个成分。'不得穷尽'(unexhaustiveness)正是自然知识的基本特征"。② "不得穷尽"并不意味人类自动放弃对自然的整全性把

---

[1] 俞懿娴:《怀特海自然哲学:机体哲学初探》,北京大学出版社2012年版,第112页。
[2] 俞懿娴:《怀特海自然哲学:机体哲学初探》,北京大学出版社2012年版,第153页。

握。不对"整全自然"予以超越性把握,人类就会始终局限于"有限性存在"。"外部强加规律学说"虽然属于一种超越"有限者"的努力,但这种超越或完全抹杀人类自身的存在,或为前述"生机论逻辑"所支配而生成"人类中心主义"。因此若失去更为超越性伦理关怀或整体性审美观照,类似自然观将不可避免地成为"解构主义"的目标。

怀特海"建设性后现代主义"之生成主要与自然观转变有关,即从"无生命自然"向"有生命自然"理解的转化。因为"自然不可穷尽"也可阐释为生命现象之不可全知,无视"自然为有生命者"最终会导致对人类生命的漠视。因为"科学无法发现自然中的个体的享用;科学无法发现自然中的目标;科学无法发现自然中的创造力;它只能发现连续性的规则。……物理科学如此盲目的原因是它只处理人类经验提供的证据的一半……却忽略了关键性的身体。身与心灾难性的分离,肇始于笛卡尔,尔后决定了欧洲思想,它应当为科学的这一盲目性负责"。[①] 我们的身体属于一个综合性"感知-知觉系统",在对所身处的、包括自然世界在内的"周围世界"所发生的不同事件及系列事件-对象关系予以接受的同时也生成主动的情感反应。"我们发现自己就生活在自然中。……我们应当把心智的活动设想为补足自然之构成的诸多要素中的一

---

① 怀特海:《思想方式》,韩东晖、李红译,华夏出版社1999年版,第136页。

个。……我们应当抛弃自然过程中的空转轮(idle wheels)的观念,因为在每一个自然过程中浮现出来的要素都是起重要作用的,而这些作用只能根据那个要素的个体特征来表达。……我们现在的任务是要定义自然事实,以便理解心灵事件在调节自然的接续过程中是如何起作用的。"①自然过程"空转轮"与自然科学"价值无涉"相关。随着价值渗入自然世界,自然科学中"事件"就逻辑地置换为"现实实有或存有"。"一切事件都是现实存有,即奠基于现实存有的特征或结构或为其实例。因为这些是现实宇宙最简单的构成要素。有多少类型的事件或多少层次的具体存在就有多少类型的现实存有:……可以讲在分子、原子或次原子层次上的现实存有,在细胞、(细胞)组织、器官、更低和更高类型的有机体层次上的现实存有,在人类经验、反思或意识、感觉或理智层次上的现实存有,在人类集团或社会、国家、历史时代层次上的现实存有,在行星、太阳系及银河系层次上的现实存有。简言之,现实存有遍布这个五彩纷呈的宇宙的整个系统。"②"存有"或"实有"都是 actual entity,所实现的是"从有到有"对"从无到有"的置换,那么不同类型的"实有"间相互

---

① 怀特海:《思想方式》,韩东晖、李红译,华夏出版社 1999 年版,第 138 页。
② 唐力权:《脉络与实在:怀德海机体哲学之批判的诠释》,宋继杰译,中共社会科学出版社 1998 年版,第 59—60 页。

什么关系？不同实有间运化与整体自然中"持续稳定性"是如何协调的？

怀特海认为"有一种概括的答案将自然及其本身背后的更大的实有连系起来。这一实有在思想领域中具有许多名称，如绝对、梵天、天道、上帝等。……自然在其本身的存在这一事实中，是不是表明它可以为自身做解释。这就是说：如果我们单单说明事物是什么，就可能包含解释的因素，而说明事物为什么是这样。……有一个境域是超出于我们清晰的认识能力之外的，作为理论出发点的终极武断事实，应当能显示出和这个境域同样的实有的普遍原则。自然表明其本身体现了一种服从着决定论条件的机体演化哲学"。[①] 没有什么潜在于背后的更大实有，真正存有的恰恰是不同类型及不同层次上实有，彼此相互关系过程使自然处于持续秩序化过程，因此"自然在其本身的存在"的说法也可转换为"自然在我们之中，而我们也在自然之中"。既然事物生成于不同实有的相互关系过程，那就意味着需以"关系"角度去观审事物何以是其所是，因为事物存在的无限性决定了关系过程的无限性，虽然我们无法全面地把握自然，但自然中不同实有间相互关系恰恰为我们认识自然的当下演化过程提供了较方便起点。

---

① 怀特海：《科学与近代世界》，何钦译，商务印书馆1959年版，第90页。

第三章 机体哲学与宇宙协同性

第一节 价值形而上学与宇宙协同性

怀特海认为"一种自然哲学必须研讨五种概念：变化、价值、永恒客体、持续、机体和混合"。①《过程与实在——宇宙论研究》即对前述"五种概念"相互关系的研究，而该研究主要沿着"形而上学-宇宙论逻辑"架构展开。如果说早期阶段"价值"依然还处于背景中，那么在"过程-机体哲学"阶段"价值"就成为"目的因"进而推动着该阶段体系的演化生成。"在怀特海的形而上学和宇宙论体系中，实在是根据关系得以规定的。栖息于这个关系世界之中的'事物'是由它们的各种关系构成的——一切存在物都是关系性存在物。此外，'事物'由它们的关系构成，而一切关系又进而被规定为价值关系，即具有

---

① 怀特海：《科学与近代世界》，何钦译，商务印书馆1959年版，第85页。

某种肯定和否定性质的关系。这种价值关系从具有自我意识的存在物的审美反应到物理实体所持有的基本的吸引与排斥关系无所不包。"①对价值的进一步解释要求对于"永恒客体"概念的阐释,而"永恒客体"则逻辑地与"上帝及宇宙过程"等问题联系起来。如果说早期对于自然规律的解释需要立足"外在规律强加学说""内在关系学说""惯常学说"等不同视角,那么"宇宙论"就需解决"宇宙起源与归宿"问题。只是若以"无限倒溯"的方式回答"宇宙从何时开始"的问题显然是不可能的,因为包括自然在内的宇宙总体显然从其"开始"到"当下"就一直处于"流动"中,而存在于宇宙总体中的万事万物也因"被卷入流动"并同时通过"流动"而不断"生成于"宇宙总体过程中,而我们所处的"当下时段"即我们被给予的当下"宇宙时段"。"宇宙时段根本上无非是一个带着具有确定统治地位、在时间中浩大地伸延之秩序形式的动态脉络。……并不存在一个在任何时候都静止地支配着宇宙的完整秩序,那么有关宇宙之起源与归宿的问题与宇宙之秩序形式的转变问题就是一样的了。从而,任何所与宇宙时段的起源就在于从先在时段而来的历史性转变,而其归宿则在于维持已确立的并以新异的秩序形式

---

① 菲利普·罗斯:《怀特海》,李超杰译,清华大学出版社2019年版,第3页。

为目标的秩序。"①若非如此,那么关于起源的思考就会转化为无限倒溯,而归宿的思考则无限地向未来延伸,哲学活动的展开将失去逻辑基地,因此对当下"宇宙时段"的研究依然需要一个出发点,这就是"永恒客体"学说。

随着自然哲学向机体哲学的演化,自然哲学中的"事件"在机体哲学中也演化为"现实机缘或现实实有",不过"事件或实有"往往都是联系在一起使用的,因为机体哲学中的"实有"因同时囊括"实体、事态与事件"而具有形而上潜质。"把事件当成一个过程来看,其产物就是经验单位。这种普遍的看法说明事件应分析为:(1)实体活动,(2)可供综合的条件潜能,(3)综合体的达成产物。一切实际事态的统一体不容许将实体活动分析成独立的实有。……如果说事态或永恒客体是一种实有,那么一般活动就不是一种实有。这是一种普遍的形而上学性质潜存在所有的事态下面,对每一个事态都具有一个特殊样态。"②该"特殊样态"只是它自己而不可能形成别的样态,是因为处于"过程"中的一种事件所以形成这种实际过程而非其他过程是有其逻辑限制的,这种限制具有三

---

① 唐力权:《脉络与实在:怀德海机体哲学之批判的诠释》,宋继杰译,中国社会科学出版社1998年版,第139页。
② 怀特海:《科学与近代世界》,何钦译,商务印书馆1959年版,第169—170页。

种形式:"(1)所有事件都必须遵循的特殊逻辑关系,(2)事件遵循的特选关系,(3)甚至在这逻辑和因果的一般关系中影响这一过程的特殊事项。因此,这一种限制便是先行选择的限制,导入了矛盾、等级和对立。"①既然一个对象可同时处于多个事件中,那么一个实有也可同时处于多重关系中,事件之达成及其"效应"需确定固定对象,那么实有之"现实化"也需要关系状态的明晰化,这就是"价值"作用所在。"价值"意味着选择与取舍(肯定或否定/接纳或排除),"价值中就有一种先行的限制,导入了矛盾、等级和对立。根据这种说法,有两个事实都要求事件的过程必须在条件、特殊化和价值标准所组成的先行条件中发展。这两个事实是(1)实际事态有一个过程,(2)事态是要求这种限制的价值发生态。"②如果说以无限倒溯方式寻获"宇宙起源"不具可操作性,那对于被给予的、由先行宇宙演化过程而来的当下"宇宙时段"就需要从逻辑上设置一个起始,否则关于该"宇宙时段"的一切叙事都是不可能的,这就意味着"上帝是终极的限制,上帝的存在也是终极的非理性现象。他的本性中为什么刚好有那一种限制是没有理由可说的。上帝不是具

---

① 怀特海:《科学与近代世界》,何钦译,商务印书馆1959年版,第171—172页。
② 怀特海:《科学与近代世界》,何钦译,商务印书馆1959年版,第171—172页。

体的,他倒是具体的实际性的根据。我们对于上帝的本性无法提出理由,因为这种本性就是理性的根据"。① 机体-过程哲学的展开之最终目的即人类需从关于"规律"的特殊经验予以提升或超越各自差异化经验表达而向"神/规律"的共同经验表述靠近,这是一种为人类所独享的形而上学冲动,这种冲动的"现实化可能"需要对关于上帝的特殊表达予以超越。传统神学中"上帝被认为是形而上学状态及其终极活动的基础。如果坚持这个看法的话,就只能把上帝看成一切善和一切恶的根源。因之,上帝便是整个故事的最高制作者。任何成功与失败都必须归之于他。但如果把他看成限制的最高根据,那么他的本性就使他必然将善恶分开,并且使理性'在她的领域中'确立起来"。② 与其说哲学需要形而上学,不如说人类依然有形而上学需要,因为人类依然为自身问题所扰,因此需要突破传统形而上学。

因此"理性化"过程的展开以承认"人类理性之限度"为前提,这就使怀特海上帝概念作为某种与世界的存在相互需要、相互作用的存在而和西方传统形上学截然不同。既然逻辑上通过无限倒溯方式进而解决"宇宙起源"

---

① 怀特海:《科学与近代世界》,何钦译,商务印书馆 1959 年版,第 171 页。
② 怀特海:《科学与近代世界》,何钦译,商务印书馆 1959 年版,第 172 页。

问题不可能,那么为"宇宙创生"可能而引进"上帝"就属于"绝对预设";作为"绝对预设"而存在的"上帝"及其"创生宇宙"与其说属于神学问题,不如说是宇宙学问题。"宇宙创生"之可能为自然(人类)史之"叙事"提供可能。因此,"哲学研究的正确道路来自宇宙之内,而非宇宙之外。我们不可能将自己完全置于宇宙之外来审视它,仿佛'从上帝的观点'……似的。这就是为什么关于宇宙的起源与归宿的传统问题在机体哲学中完全被忽视的原因。"[①]随着"宇宙起源"问题退居幕后,宇宙自身演化在使自身成为"广延连续体"的同时并在其当下"宇宙时段"为"机体哲学"提供了运化场所;理解"机体哲学"则需从"上帝、创造与价值"等基本问题开始。

1.1 上帝、创造性与价值形而上学

怀特海机体哲学保留"上帝"是出于其形而上学建构的需要,即"上帝"依然保留了其作为"绝对预设"的地位,但"上帝"内涵的理解却立足于过程哲学立场,因为世界所以需要上帝是为当下"宇宙时段"开始提供一个逻辑根据,这就是上帝"原初本性"。"原初创生的事实就是对全部多样性永恒客体的绝对的概念性评价。这就是上帝的

---

① 唐力权:《脉络与实在:怀德海机体哲学之批判的诠释》,宋继杰译,中国社会科学出版社 1998 年版,第 137 页。

'原初本性'。由于这种完全的评价,上帝在每一个派生的现实实有中的客体化造成了永恒客体与该派生机缘的合生相关联的不同阶段。……确定的关联总是来自上帝。如果没有上帝的作用,现实世界中的未实现的永恒客体对有关的合生来说就是非存在的了。"[①]"永恒客体"对于事件(现实实有)的"契入"所生成的"普遍-多元关系"属于"形而上学"与"宇宙学"关系:形而上学主要处理可能性世界,而"宇宙学"则处理与当下宇宙时段相关的现实世界。而要理解一种永恒客体,必须认识以下各点,"(1)它的特殊个性,(2)它体现在实际事态中时常发生的与其他永恒客体的一般关系,(3)说明它进入特殊实际事态的一般原则。……每一个永恒客体都是一个个体,在其自身特殊的形式下形成其本身。这种特殊的个性就是该客体本身的实质。……一个永恒客体的本质也只是它对每一个特殊事态做出其特殊贡献时的情形。这种客体在各种进入事态的样态下都是它本身,所以这种独特贡献对于所有的事态说来都是相同的。……一个永恒客体的形而上学地位就是实际的可能性的地位。每一个实际事态的性质要由这种可能性在该事态中体现出来的方

---

① 怀特海:《过程与实在》,李步楼译,商务印书馆2012年版,第50页。

式来确定。因此,体现就是可能性的选择。"[1]现实事态或实有之"达成态"完全由组成它的永恒客体的不同而不同,因为多样化永恒客体可以和现实事态发生各种不同的组合与关联,从而体现出前述"现实事态的有限关联"与"永恒关联性"不断扩张间的区别。例如深浅不一的红色在现实事态中可以和长方体形态结合在一起,但红色和长方体形态还可以超越该现实事态,并和其他永恒客体结合而成别的事态,比如红色在另一事态中与圆形发生关联,而长方体形态也可以和绿色结合在别的事态中;再比如"财富"在现实事态中可以给个体带来"自由",但"财富与自由"的组合在别的事态中却有可能使个体走向"自由"的反面。

因为一定现实实有"达成态"的生成意味着可能性方面的选择,而选择意味着价值先导下的限制,也因此在不同的现实事态生成等级、对立乃至矛盾,从而使当下现实世界中不同现实实有间关系过程呈现出"等级展视"。"既然在一个实际事态之上存在着一个无限的抽象的等级体系,即该事态的'关联等级体系',因而这体系中的任何一级抽象对该事态都是有意义的。……但由于等级的无限性,因而绝对不可能对一个现实事态进行完全的、精

---

[1] 怀特海:《科学与近代世界》,何钦译,商务印书馆1959年版,第152—153页。

确的、一览无余的描述。"[1]结果在实际事态的演化过程将"未来"存在或有可能实现的东西包容于自身达成态过程,最终导致"事实"呈现出不同面相,也成为"错误、真理、艺术、伦理和宗教的根源"。这就说明上帝同时作为"造物主与造物"的双重属性,单一"造物"在伦理上是中立的,因为"创造性是纯粹能动性的概念,受到客体不朽性的现实世界的制约——这个现实世界是没有两次完全相同但总有神道的常驻因素的世界。创造性没有自身特有的属性。……但是创造性总是基于各种条件,并以各种条件的规定来描述的。无时间性的包罗一切的不受限制的评价活动既是创造性活动的创造物,也是规定创造性的条件。它和一切创造物一样具有这种双重属性。由于它作为创造物的这种属性,所以它总是在合生之中而不是在过去,它受到这个世界的反作用,这个世界的反作用就是它的后继本性,它在这里称为'上帝';因为对我们的本性的沉思……它获得了宗教所追求的那种新生和友爱的主体形式。"[2]创造性本质即创新性(principle of novelty)或"新颖性"。这说明上帝在内在于世界的同时又是一种超越性存在,因而上帝"创造性"本质中内含一种反

---

[1] 陈奎德:《怀特海哲学演化概论》,上海人民出版社1988年版,第121页。
[2] 怀特海:《过程与实在》,李步楼译,商务印书馆2012年版,第51页。

思与协调能力（概念性评价）。

怀特海"机体哲学"由此体现出对于莱布尼茨"可能世界"的超越。"把机体的假说作哲学的基础应当首先归功于莱布尼茨。他的单子就是终极地真实的实有。但他还是保留了笛卡尔的实体和改变实体的激情。……内在关系便没有具体的实在性。……他的单子便没有窗户。而单子的激情则反映出早已由神安排好的协调的宇宙。……他对于三种东西未作区别：一种是作为经验单位的事件，一种是稳定后获得意义的持续机体，另一种是表现个体化进一步完整的认识机体。他也不承认将感官材料以不同方式和不同事件相关联的多种关系，这种多种关系是一种透视，莱布尼茨认为它们除非是组合单子的性质，否则不能承认。"[1]若没有神的介入，没有窗户的"单子"间关系是静态而缺乏关联的；这就说明莱布尼茨"当下世界是可能世界中最好世界"的命题背后"前定和谐"视野中视宇宙发生之"目的因"与"动力因"同一的绝对预设，结果是使"神学"被等同于"形而上学"的同时也使得关于"善恶"问题与伦理学对象的思考视野被扩大。因为如果"神学"被等同于形而上学，那么传统神学中之"上帝"就成为一切"善与恶"问题的根源。但在怀特海形而上学"历史化"展

---

[1] 怀特海：《科学与近代世界》，何钦译，商务印书馆1959年版，第149页。

开路径中,神学形而上学仅仅是一般或普遍形而上学的具体化,对于"善恶"的分析与判断也生成为"普遍-多元关系"历史化语境中,当下"宇宙时段"中的世界并非是可能世界中最好的世界,而是善恶并存,某种程度上恶所以存在的条件要超过"善"生成的条件,因此"上帝""原初本性/后继本性"的设定就使"终极善何以可能"的问题具体化于"宇宙时段"历史化进程中;怀特海由此称"上帝为世界的诗人",目的在于强调美和审美价值的重要性。怀特海认为"美"是"模式化对比的和谐(harmony of patterned contrast)……乃是最高的善"。① "最高善"需要在历史化过程中予以"创造",这种创造来自不同经验模式对比及相互转化,作为终极范畴的"创造性"是对传统神学"一次创生"概念的超越。因为"外在规律强加学说"有使神学与形而上学相等同的可能,而"内在规律"学说则难以解决宇宙总体过程中的"过去、当下及未来"连续性生成"模式"问题,所以最妥帖的办法就是在将"外在强加规律"与"内在规律学说"予以协调基础上来解决"宇宙创生"与"持续创生"间关系问题,这就逻辑地要求着"上帝观"的创新阐释。"把宇宙设想为一个机体并且上帝是其核心器官,那么同时用泛神论和位格论术语来描绘上帝就是

---

① 唐力权:《脉络与实在:怀德海机体哲学之批判的诠释》,宋继杰译,中共社会科学出版社1998年版,第190页。

可能的。这似乎恰恰是……机体主义神学的根本企图,在那里,许多神学对立的表面上的自相矛盾将被'把对立变为对比的意义转换'所克服。"[1]用"泛神论和位格论"谈论上帝属于怀特海机体主义神学之创新,"泛神论"也被称为"万有在神论",其内涵即这个由诸多事实构成的世界是由上帝所创造的,同时随着"创世"完成上帝也已然遍在于万事万物中。"位格论"则与世界"持续创生"相关,这个由多样事实所构成的世界同时还是事件和运动的世界,"事件和运动"则与隐喻"上帝是诗人"相关。

使用"隐喻"是因为在价值层面生成的转移涉及到"持续创生"的理解。上帝"位格化"在使上帝与世界相互需要的同时,也使上帝与世界相互进入,上帝在世界之中,世界也在上帝之中,进而使宇宙中每一个现实机缘(实有)都成为"自我创造性"的动在。这就使经由传统神学逻辑生成的对立有可能转换为多样化经验模式间的对比,其直接动力则源自机体哲学"价值形而上学"向度。因为对"经验"的体验属于"价值体验",是关于"某件事很重要"的感觉,其中"整体性(Totality)、外在性(Externality)和内在性(Internality)就是那很重要的三种基本特征。但它们不应该被认为是清晰的分析性的概念。经验

---

[1] 唐力权:《脉络与实在:怀德海机体哲学之批判的诠释》,宋继杰译,中共社会科学出版社1998年版,第206页。

随着这些不清晰的预设被唤醒,以指导清晰的细节分析的产生。……存在着实际事实(actual fact)的整体,众多事实的外在性,以及位于整体之中的这种经验的内在性。三者是基于同一层次上的划分,决没有谁比谁更优先的问题。事实的整体本身就包含着我的事实和他者的事实"。[①]"差异事实"间的外在性并不排斥众多事件间相互内在性,对"他者事实"的承认并不意味着对"他者价值"的认同乃至包容,但"他者价值"却在事实上执拗地内在于我价值体验过程中,因此仅在事实层面承认"整体-我-他者"间相互包含还不够,"价值"层面的包容才是至关重要的,这就使"宇宙-经验总体"与"宇宙协同性"间关系的理解变得非常必要。

1.2 宇宙/经验总体、合生与"宇宙协同性"

与"自然哲学"阶段"事件与事件"间处于相互制约关系类似,机体哲学视野中一切存在也因相互关系过程而处于"既制约又受制约"状态,没有任何存在(物)可独立存在。换句话说,一切存在都处于"事件与现实实有"关系过程中,一个现实实有或被"摄入"别的实有而成为该实有的材料,或正处于"摄入"别的实有的事件过程中。

[①] 怀特海:《思想方式》,韩东晖、李红译,华夏出版社1999年版,第105页。

所谓"摄入(感受)"属于怀特海机体哲学核心概念,其功能在于对"实体-属性"模式制约中"主体-客体"思维模式的扩大性理解。"主体性(subjectivity)的本质在于活动,思想或有意识的心理活动仅仅是它的一个特例。……主体与客体并不必然(事实上也很少)作为思想者与思想(思想者之所思)被联系在一起,而一般毋宁是以操作者(operator)(无非就是其操作活动)与操作物(operandum)(由操作者所操作之物)相关联。"[①]根据怀特海,所谓"摄入"一般含三个因素:使"摄入操作"所以可能的"现实机缘",有待"摄入操作"展开的作为"客体"的材料(datum)以及摄入主体在对被摄入对象展开摄入操作过程的"主体形式"。这个"主体形式"则同时涉及情感、评价及信仰等不同内涵,这就意味着活动的主体并非是"实体-属性"框架中恒久不变的实体,而是处于不断的变化过程中,主体变化之可能与作为客体的材料性质相匹配,而随着"现实机缘"变化,处于"摄入过程"中的"主体与客体"也随之发生相应变化。重要的是,前一"摄入"阶段的"客体"在下一"摄入"阶段有可能成为"主体",故而没有永恒不变的主体,也没有恒久不变的客体,处于"宇宙总体"演进过程中的"主体(客体)-客体(主体)"在其相互"摄入"过程

---

① 唐力权:《脉络与实在:怀德海机体哲学之批判的诠释》,宋继杰译,中国社会科学出版社1998年版,第17页。

中获得了"共同生长",每一个现实实有都因处于某"合生"(concrescence)过程并通过该"合生"过程成就自身。而理解"合生"则涉及机体哲学终极范畴"创造性/多/一"及贯穿其中"转化"范畴的理解:"多"涉及待摄入材料的"杂多"与"对比","杂多"即杂多材料于"摄入者"操作前的离乱式共在,而"对比"则源自"摄入主体"综合性操作活动完成而形成的"秩序化共在",该"综合性统一体"的形成过程涉及无数对比及对比中的对比,最终回到终极范畴"创造性"那里。"既然宇宙是由现实存有的'创进'(creative advance)构成的,其中每一个圆满的现实存有都将自身作为资料贡献给接续的现实存有的合生,那么在对比之渐进的层级中产生的创造性综合的历程也必然是无穷尽的。……创造性必然形成终极的关涉性原理:因为除了创造性综合之产物的对比之外别无关涉性。"[①]"创造性综合"源自过程哲学"去神学化"对传统神学的超越:一方面是对自然哲学阶段"外在强加规律学说"的呼应,另一方面也保留了"外在规律"与"内在规律学说"间的历史连续性。

因为"去神学化"操作的展开是形而上学自身历史性逻辑要求所致,但"去神学化"不可能把关于"上帝"的一

[①] 唐力权:《脉络与实在:怀德海机体哲学之批判的诠释》,宋继杰译,中国社会科学出版社1998年版,第24页。

切都抹掉,上帝之"创造性"本质依然内在于"宇宙总体"过程中,虽然"宇宙仅仅是由经验着的(大多数是无意识的)实有构成的,而整个实在则充溢着那个终极实际物,即上帝的意识"。[1]"创造性"之内涵即"自我超越",自我超越(转化)的可能源自"整体性"的预设,这就使"经验"与"实在"间对比与"现实-价值世界"间对比关联起来。"价值世界"与"神性"有关,"'神性'是宇宙中借以获得意义、价值(value)和超越现实的理想的因素。正是由于空间的直接性对神性的理想之间的关系产生了超越我们自身的价值(worth)感。超验宇宙的统一性和实现了的实存的多样性都借助对神性的感受进入了我们的经验。如果没有这种超验的价值感,作为他者的实在就不能进入我们的意识,因而必然存在超越我们的价值。否则的话,任何被经验的事物就都仅仅成为我们自己的唯我论的存在样式的一个贫乏的细节。世界中诸多实存的显明性(obviousness)应当归功于对神性的感受,世界统一性——它保存了已实现的价值并向超越已实现的事实的理想转化——的显明性也是如此。"[2]因此为机体哲学所倡导的经验形式属于"超个人经验"或"非常态经验";常

---

[1] 约翰·布坎南:《万物有情论:怀特海与心理学》,陈英敏等译,北京大学出版社 2017 年版,第 136 页。
[2] 怀特海:《思想方式》,韩东晖、李红译,华夏出版社 1999 年版,第 92 页。

人或常态经验往往是非反思、习惯性及碎片化的。"人的身体的感觉系统本身,特别是视觉,是根据……嬗变原则建立起来的——根据一个共同的特点来识别一个由动在构成的完整的联系。……嬗变是合生过程中的一个支配性事实。……嬗变的一个不幸结果却是:它抑制了意识对多样性、情感性以及固有于宇宙的活动性觉知——因而易于使我们对环境感觉迟钝,易于使我们没有感觉和直觉。"[①]由常态而非常态经验的"转变"涉及"创造性"原则,"依据一种创造性,任何相对完成的现实世界都是新的合生的材料,这种创造性就叫作'转变'。……由于这种转变,'现实世界'总是一种相对的术语,表示预设的现实机缘的基础是产生新的合生的材料。"[②]每一"合生"促进阶段性现实世界的生成,每一现实世界都属于"价值世界-宇宙总体"侧面,虽然该"合生"阶段所完成的现实世界是相对的,但该世界与别的同时性现实世界在因果关系方面却是相互独立的;此外存在于怀特海"创造性概念之核心的……是以宇宙的协调性为基础的'机体统一性'概念。创造性的本质就是'机体的综合'"。[③]在自然哲

---

① 约翰·布坎南:《万物有情论:怀特海与心理学》,陈英敏等译,北京大学出版社2017年版,第102页。
② 怀特海:《过程与实在》,李步楼译,商务印书馆2012年版,第328页。
③ 唐力权:《脉络与实在:怀德海机体哲学之批判的诠释》,宋继杰译,中国社会科学出版社1998年版,第132页。

学阶段,怀特海"不可穷尽"自然依然处于不断演化过程,而机体哲学阶段的"宇宙"无非是在"对象"对于事件系列之"契入"过程中所生成的包括无机社会在内的"六个社会"形态间机体综合过程。"宇宙既是实在事物构成的多样性集合,同时又是实在事物构成的统一体。这种统一性本身是实在事物的宏观效应,体现了通过流逝而获得新颖性的无限永恒性原则。这种多样性是由微观的实在事物所构成,每一个都体现了有限之流获得'持久'的永恒性原则。一方面,一生成为多;另一方面,多又生成为一。但是生成着的东西总是实在事物,而实在事物的合生是主体性目的的发展过程。"[①]主体性本质在于活动,而对于以"实在事物之合生"为目的的主体性活动的理解则在于"宏观-微观"互动中不同活动"操作目的"的协调,这就涉及"宇宙总体-经验总体"互动共生过程的理解。

从逻辑上说,"宇宙总体-经验总体"关系展开属于循环阐释,阐释过程则具体化于不同经验模式的互动共生,而"经验模式"是在经验过程随着"意识"的凸显而逐步理性化的结果。"意识或隐或现地闪烁着;即使在它最明亮时,也只有一个清楚照明的很小的聚焦区和一个很大的经验半影区,透露出朦胧理解的强烈经验。清晰意识的简明性并不能表示完整经验的复杂性的程度。我们的经

[①] 怀特海:《过程与实在》,李步楼译,商务印书馆2012年版,第261—262页。

验的这种特性也表明意识是经验的顶点,只是偶尔才能达到,它不是经验的必然基础。"[①]"意识"的凸显伴随着"常人经验"而"非常人经验"转化过程逐步生成。"常人经验"往往因碎片化而不具备稳定性,故而也不具备"恒常性"特征;而为怀特海所批判的传统形而上学为"简单定位"所执,意欲以一套体系化的概念体系去解释"流动不居"的宇宙过程,本质上属于"具体性误置"。"近代科学的机械论世界观,以及哲学家对主词-谓词、实体-属性这些描述方式的固着,都是下述错误的直接结果:把表象直接性置于因果效应之上,把表象直接性这种知觉模式视为源始的或首要的。……由于集中于通过表象直接性的几何关系所揭示的世界,于是我们以一个由缺乏生命、缺乏关于'固执事实'的因果力量的单纯机械论关系构成的世界而告终,这个世界是一个缺乏创造性自我决定和因果效验的世界。"[②]机体论哲学取代"唯物机械论"的结果是用"内部规律学说"取代"外部强加规律学说",进而为关于"自然演化规律"新阐释予以奠基。

一方面保留传统神学中的"上帝"作为绝对预设是为当下"宇宙时段"历史演化提供了一个逻辑起点,另一方

---

① 怀特海:《过程与实在》,李步楼译,商务印书馆 2012 年版,第 410 页。
② 菲利普·罗斯:《怀特海》,李超杰译,清华大学出版社 2019 年版,第 105—106 页。

面取代过程中历史连续性的延展也使传统神学中合理内容予以保留,"信仰圣父……绝对地预设了有一个不可分的单一的自然世界。信仰圣子……是绝对地预设了那个单一的自然世界是一个自然领域的多样复合。信仰圣灵……是绝对地预设了自然世界就其整体来说不只是一个事物的世界而且也是事件和运动的世界。"①重要的是"外在关系-内在关系"历史化进程使怀特海哲学建构"整体论"背景被前景化,并在怀特海"形而上学-宇宙学"逻辑框架中具体化为"宇宙总体-经验总体"相互生成过程,这也是怀特海哲学被称为"思辨哲学"内涵所在。哲学需要体系化,但体系化过程中形成的概念或范畴体系需要回到生活现场,从而在接受"经验"检验的过程中继续推进其"体系化"进程。这就使"有机哲学"体系化过程的展开更多地呈现出"分析性"而非"综合性"特征,也因此避免了传统实体形而上学"简单定位"谬误。而"宇宙-经验总体"的生成还需推进不同经验模式间的对比与融通,避免关于"宇宙总体"的阐释陷入单一经验模式;因为"一种经验模式并没有独立性,因为其特征依赖于总体,更依赖于具体的整体。而一种经验模式是这种总体的变更物,是具体的整体的一种抽象物"。②就"信仰对象"

---

① 柯林伍德:《形而上学论》,宫睿译,北京大学出版社2007年版,第171页。
② 奥克肖特:《经验及其模式》,吴玉军译,文津出版社2004年版,第311页。

对于"事件"之契入所生成的"普遍-多元关系"论,一方面,作为永恒客体"上帝"的存在只能在"上帝"与"道及第一因"等类似的"永恒客体"等抽象对象的关联中才能予以揭示,但就"事件与处境"具体关系论,以"上帝"为永恒客体之阐释只能生成于西方文化之"事件-对象"关系语境中;虽然"宗教的原则可能是永恒的,但表达这些原则的方式则必须不断发展。宗教的发展主要就是清除前一代人用幻想的世界图景来解释它的观念时所产生的复杂成分而把自己的固有观念解放出来"。[1]这就是怀特海"神学哲学化"[2]逻辑展开"动力因果"所在。

---

[1] 怀特海:《科学与近代世界》,何钦译,商务印书馆1959年版,第180页。

[2] "神学哲学化"逻辑的展开离不开"神学、宗教的哲学与宗教哲学"间关系的准确把握。"宗教的哲学与宗教哲学,虽同为一种哲学,但前者具宗教性,后者不具宗教性,前者以特种宗教信仰为主体,后者以一切宗教活动为客象。……宗教哲学立基于世上各个宗教活动之观察……宗教哲学绝非宗教的哲学。……神学乃对某一种有神论的宗教,先肯定其绝对真理,而后加以推论演绎。宗教哲学则决不设任何假定于先,胸怀坦白,惟凭各种宗教事实,以求得结论。故宗教哲学家与宗教家不同,与神学家更不同。宗教家乃某种宗教之实行者。神学家则本实行某种有神论的宗教之所得,将其内在的经验,用当代的术语作合理的解释,以企此种宗教思想合乎时代思想者也。宗教哲学家乃彻底的秉科学家的态度,以研究一切宗教现象而综结之。是以神学赖哲学的助力,对宗教采取维护的态度,而宗教哲学对各宗教取中立的态度。"(谢扶雅:《宗教哲学》,山东人民出版社1998年版,第18页。)

因为"任何时代都不可能死板地重复祖先的情况。你可以把生命保持在形式的流变中,或者在生命的低潮上保持形式,但却永远不能把同一个生命封闭在同一模式之中"。[1] 神学模式如此,哲学模式亦如此;因为经验模式是一个矛盾体;它包含着自相矛盾的因素:"一方面,一种经验模式由于作为一个观念世界这一特征,它是作为经验中圆满的东西,作为一个连贯的观念世界而来到我们面前的;但是另一方面,由于其特性,它肯定不是一个十足连贯的观念世界。这样,没有经验模式仅仅是一个模式,因为没有什么抽象观念是一个纯抽象观念。"[2]任何经验模式在立足其视角体验世界及相应情感结构时,别的具有同样价值的经验模式就被同时性地忽略或放弃,但被忽视的经验模式并非不重要的,甚至被放弃的经验模式可能具有更重要的价值,因为"经验与实在也不可能分离开来。实在只是经验,只是作为一个连贯整体的经验世界。……每一种经验当中都存在实在总体。……不存在截然不同的、相互分离的经验领域,也不存在分离的知识领域"。[3]怀特

---

[1] 怀特海:《科学与近代世界》,何钦译,商务印书馆1959年版,第179页。
[2] 奥克肖特:《经验及其模式》,吴玉军译,文津出版社2004年版,第315页。
[3] 奥克肖特:《经验及其模式》,吴玉军译,文津出版社2004年版,第310页。

海哲学"透视主义"对此也予以认可,因为一切现实实有都处于本质上相互关联中,既然"不可能存在完全孤立的事实或存在物,那么任何事物都必有一宇宙的透视,而这个透视……乃是与此存在物与'其他事物的宇宙'的连结或关联同一者。……一个透视可分析出三种要素:(a)观点或所指涉的存在物,(b)构成此观点之他性的'其他事物的宇宙',以及(c)表示此观点与其他性间的相关或关涉性之方式的亲和性样态(mode of affinity)"。[①] 逻辑地讲,所有的透视都具有同样的地位;因为每一透视都代表着从其自身观点来看的宇宙;对"宇宙总体"的把握则是历史性与过程性的,这就逻辑地预设了经验过程中不同经验模式间的相互转化过程。

1.3 "神学-哲学-美学"演化过程

"宇宙-经验总体"互动使宇宙演化为同时囊括"宏观-微观"层面的"过程总体","宏观"层面的"宇宙演化"超出个体之经验界限,"微观"层面的个体则通过其经验过程参与到宇宙运化的历史过程中。"经验的过程由于实体进入复合事实而形成,实体的存在先于那个过程,复合的事实便是过程本身。这些先予存在的客体,作为

---

① 唐力权:《脉络与实在:怀德海机体哲学之批判的诠释》,宋继杰译,中国社会科学出版社1998年版,第134页。

进入经验过程的因素,被称为该经验事态的'客体'。'客体'……主要表达的是如此表示的实体与经验的一个或多个事态的联系。在经验过程中为了使客体起到一个客体的作用,必须满足两个条件:(1)实体必须是先予存在的;(2)由于其先在性,实体必定会被经验过,它必定是给定的。所以客体必定是接受到的事物,而不是接受的方式,也不是在那一个事态中产生的事物。经验的过程是由于将客体归入复合事态的统一体中,这一事态便是过程本身。过程创造本身,但它不产生客体,过程将客体接纳为自身本质中的因素。"[①]"过程不产生客体"是指对任何给定的经验过程及其"主-客体"关系都是处于"客体中的'主-客关系'",处于该"经验过程"中的"经验主体"在对该经验过程所涉及"客体"予以认知的同时依然还有"别的与该客体相关事态"同时存在于该经验过程中,因此该经验主体与其所经验"客体"处于相互开显过程。"经验主体"自身视野的扩大伴随着对"客体"内涵把握的逐步深化,而由该经验过程所生成的由"持续机体"而"认识机体"转化过程就使经验者经验过程本身"宏观-微观"层面被展视:"宏观过程是已经达到的现实向将要达到的现实的转变;而微观过程就是把仅仅是实在的那些条件

[①] 怀特海:《观念的历险》,洪伟译,上海译文出版社 2013 年版,第168—169 页。

转变为确定的现实。前一个过程造成从'现实的'到'仅仅是实在的'的转变;而后一个过程则造成从实在到现实的增长。前一个过程是动力性的过程,后一个过程是目的性过程。未来只是实在的,并不就是现实的;过去则是各种现实的结合体。这些现实是由它们的实在的发生阶段构成的。现在是使实在性变为现实的直接性目的性过程。"[①]"动力性-目的性"过程的展开是宏观宇宙运化逻辑所致,而由"已达现实"向"将达现实"的转化过程则与微观层面的机体"创造性"有关,而"现实的"即已被经验过且被给定的,而"实在的"则涉及由"物理实在"向"精神实在"过程性转化。

由宗教经验过程论出发,随着作为认知(经验)"客体(信仰)对象"的超验者对于"处境-事件"的契入,经验者对于"客体-超验者对象"的经验过程就被置换为不同"经验类型-观念类型"间转换生成过程,一方面使经验者自身"宗教体验"获得更新,另一方面也扩大了其关于"客体-超验者对象"的理解;而"'有机体'这一概念以双重方式与'过程'相联系:各种现实事物构成的共同体是一种有机体;但是它不是一种静止的有机体。它是处于产生过程中的未完成状态。因此,就现实事物来说,世界的扩展是'过程'的首要意

[①] 怀特海:《过程与实在》,李步楼译,商务印书馆 2012 年版,第 333 页。

义;而处于扩展的某一阶段上的世界则是'有机体'的首要意义。在这个意义上,一个有机体就是一个结合体。其次,每一个现实实有本身只能描述为一个有机的过程。它在微观世界中复制宏观的宇宙"。[1] 基于某固定信仰对象,且以程式化仪式实践为纽带而汇聚于特定空间中的信仰者组成的"共同体"即过程哲学意义上的有机体,该"信仰共同体"拥有由其专属"经验类型"与"观念类型"互动生成的"生命阐释学"体系。不过由其宗教经验及相关阐释生成的"神学解释"只是"精神实在"的部分而非全部,固执于自身"神学解释"而忽视与之同时存在的、拥有类似阐释体系的作为"他者"的"神学解释"属于"神学形而上学化",这就需要对已经形成的"神学体系"予以理性化,否则将导致"神学形而上学的终结"。

"神学体系"理性化即"神学哲学化",这就是过程哲学"超体-主体"学说逻辑使然。因为信仰经验者对于"超验者"的"感觉"只是"主体"一方面的内容,"该感觉"同样也是"超体"内容之一,"感觉"在内在于"主体-超体"关系过程中的同时也将超越"感觉者"的当下经验事态而成就其"创造性"过程;由此"每一个现实实有也和上帝共同具有超越包括上帝在内的所有其他现实实有的特性。因

---

[1] 怀特海:《过程与实在》,李步楼译,商务印书馆 2012 年版,第334页。

此,整个世界就是一个向新颖境地创造性前进的过程"。①一方面,"主体-超体"学说可理解为前述"客体中的'我-客'关系"过程,本质上是对"永恒客体"内涵不断拓展,因为包括上帝、自然及生命本身都是人类不断予以认知的"客体对象",但对"上帝、自然及生命"等不同客体及彼此关系的认知却始终处于"当下宇宙时段"过程。另一方面,在当下"宇宙时段"被给予我们的、有待我们去经验的"世界"是"宇宙总体"某一侧面或部分,而我们立足不同角度或观念经"摄入"活动而去经验"被给予"世界,并经阶段性"合生"而达成阶段性"现实世界"的最终目的在于"经验总体"不断生成,因为宇宙内在于经验中,我们也只有在经验宇宙的过程中才能不断抵近"宇宙总体",而该过程又在"宏观-微观"层面转化为"超验-经验"间互动。"每个经验者对这个世界都有一种洞见性的把握,正由于这种把握,他成为了这个世界的一个因素,并将自己与超越自身经验的世界固定地联结起来。……经验中的世界与超越经验的世界是同一的,经验的事态在世界之中,世界在事态之中。"②宇宙过程中"超验-经验"间互动伴随着具体经验由"窄度到宽度"的扩大过程,"低层次上的情感

---

① 怀特海:《科学与近代世界》,何钦译,商务印书馆1959年版,第342页。
② 怀特海:《观念的历险》,洪伟译,上海译文出版社2013年版,第215—216页。

深度是有局限的;宽度的职能就是加深感觉的海洋,并消除由于高层次上许多不协调情感的干扰所产生的深度减损。有机哲学发现了感觉的范畴等级体系,用它来代替黑格尔主义的思想的范畴等级体系。"①感觉深度与广度的逐步拓展是前述"神学哲学化"逻辑所致,基督教并非"宗教的宗教"。基督教只是一种独特的宗教体验形式,因此包括基督教在内的不同宗教只是观察和理解世界的一种方式(基督教只是关于"至高者"独特体验形式之一);"从宗教的立场出发进行探讨,并不是把特定的既成宗教的教义作为公理,而是把一切现有的教义放进括弧中,在人类共同面对的现实问题中寻找或发现宗教课题。……按照基督教来说,自然神学不应低于启示神学。启示神学和自然神学具有互补性功能……"②由启示神学而自然神学之演化伴随着宗教理性化③进程,不对传统神

---

① 怀特海:《过程与实在》,李步楼译,商务印书馆2012年版,第260页。
② 田中裕:《怀特海:有机哲学》,包国光译,河北教育出版社2001年版,第142页。
③ 怀特海过程哲学内蕴的"宗教理性化"逻辑及本体层面因宇宙文明化的理想追求而生成的"神学-哲学-美学"历史演化进程对于理解"宗教中国化"内生性逻辑具有一定方法论价值;中国文明"天下共同体"政治理念的具体化需要以中华民族"美人之美、美美与共"美学理念为伦理导引,这就要求在场于中国文明历史化进程中不同宗教经验模式间的对话与合作,就中国基督教、中国伊斯兰教及中国佛教等不同宗教模式论,"宗教中国化"历史逻辑就要求前述不同

学之不同形式从哲学层面予以理性化扬弃,传统神学会在强化具体宗教"宗教情感"的同时排斥别的宗教经验;不对神学予以哲学化处理,作为具体形而上学的神学形

> 宗教模式立足学理层面推动"神学哲学化"(宗教理性化)逻辑与相应宗教实践世俗化进程的推进,作为手段的"神学哲学化"逻辑服务于"哲学美学化"目标的达成,因为以去蔽为主要目的的哲学若不服务于"美学共同体"的生成将会形成更大遮蔽,在阻碍哲学自身演化的同时导致不同经验模式间的相互隔绝,进而妨碍"天下共同体"理想的不断现实化;需要强调的是,具备自身逻辑进程的"宗教中国化"要求不可将"宗教"等同于"信仰":宗教属于信仰,但信仰并不一定就是宗教,将宗教等同于信仰必然会导致"信仰宗教化"与后续"宗教政治化"逻辑的生成。客观地说,中世纪基督教徒响应教皇号召,针对东方异教徒而勇敢赴身的"十字军东征",其中所显示出来的忘我与牺牲精神表面看与"天国-地狱"宇宙学想象相关,本质上还是神学形而上学逻辑"封闭化"使然,这种逻辑所体现出来的恰恰是外在规律的冷漠与基督教徒的狂热;而"形而上学现象学"的本质认知使怀特海认识到既定规律的生成必然附着于一定的生活习俗,而生活习俗的变异也会导致相应规律的变化,这既是怀特海神学思想由"启示神学"而"理性神学"历史演化原因所在,也决定了怀特海"理性宗教"观的内涵,即宗教是一种处于发展中的、且伴随人类理性能力渐次进步的历史文化现象,其中就包括基督教在其全球传播进程中因与中国文明空间中儒家文化相互交融而生成的"基督教中国化"历史进程,基督教在为儒家"中庸"思想所不断浸润过程中逐渐生成为具有"中和"思想的中国基督教,其中谢扶雅宗教思想就具有一定代表性,"中国的基督教除具有伦理性、入世性这两个特征外,也应该其中和性,因为中国的民族性是宽容的、善于调和的、不偏不倚的、不走极端的。"(唐晓峰:《谢扶雅的宗教思想》,宗教文化出版社 2007 年版,第 148 页。)

而上学可能再次生成"形而上学终结论",原因是缺乏对"形而上学与历史"关系的准确理解。

因为"神学的任务是展示世界是如何建立在超越无常的事物之上的,它是如何产生不再衰败的事物的,世俗的世界是有限成就的舞台。我们要求神学表达出在衰败生命中那些永恒的因素,因为这种对于完善的表达适合我们有限的本质。以此,我们将理解生命是如何包含比快乐或伤心更深一层的满足方式的"。[1] 人属于一种为形而上渴望驱动的高等生命机体,其生命本质就在于将作为"潜能"的可能性转变为"现实性"中的"创造性自由"。"形而上学所需要的是一种表现个体的多与宇宙统一性一致的解决之道,一个表现需要与上帝结合的世界和需要与世界结合的上帝的解决之道。正确可靠的学说也需要理解上帝本性中的理想是如何由于其地位在创造性历程中成为劝导性因素的。柏拉图将那些源自上帝的派生物建立在自己的意愿之上;但形而上学要求上帝与世界的关系应当在超越意志的偶然性,它们应该建立在上帝本质的必然性和世界本质的必然性的基础之上。"[2]不对"意志偶然性"予以超越,那么传统神学将始终为

---

[1] 怀特海:《观念的历险》,洪伟译,上海译文出版社 2013 年版,第 162 页。
[2] 怀特海:《观念的历险》,洪伟译,上海译文出版社 2013 年版,第 158 页。

"上帝创世说"所制约而难以向"理性神学"演化,"神学哲学化"逻辑的展开以承认"上帝与世界"相互内在关系为前提。

因为上帝与世界相互需要,正如形而上学与历史相互需要一样:一方面,世界本质上的多样性需要协调从而满足宇宙统一性要求;另一方面欧洲形而上学的发展却因对自身历史的固执而有走向封闭的可能;"逻辑和美学都关注封闭的事实。我们的生活是在去蔽的经验过程中度过的。当我们失去这种去蔽的感受时,就丧失了那种功能方式——即失去了灵魂,从而也流于对过去的平均状态的一致。完全的一致意味着生命的丧失,只剩下无机自然这块不毛之地。"[①]生命样态多样性的本质要求着"哲学美学化"逻辑的生成,这也是怀特海价值-经验形而上学体系生成的需要:"怀特海的整个形而上学和宇宙论体系最好被解读作关于整个世界价值论原理(即那些源于一般价值论的东西)的延伸或概括。……对怀特海来说,事物具有价值,而且此事物与其他事物处于一种审美的价值关系之中,这是实存本身根本的客观条件。"[②]不同经验类型或模式的实存只存在于彼此相互关系中。经验

---

① 怀特海:《思想方式》,韩东晖、李红译,华夏出版社1999年版,第56页。
② 菲利普·罗斯:《怀特海》,李超杰译,清华大学出版社2019年版,第4—5页。

者在具体经验其"信仰对象"过程而生成包括诸如讶异、恐惧抑或震颤等不同情感体验,并因此而使其固有信仰被"坚信"状况下,信仰者更需对"同一信仰对象"差异理解与相关宗教体验或实践保持一种开放和包容心态,因为"经验的每个事态都有其各自的模式,每个事态将某些部分提高为首要,而将其他部分归为充实整体的背景之中"。①其他部分并非不重要,"首要部分"价值就存在于"首要、其他及整体"互动生成的美学共同体中。

一般而言,价值理论主要与道德相关,但怀特海认为只有"经验事态的审美价值才是首要的问题。他认为道德价值的作用在于提高经验的审美价值。每一经验事态的强度都相关于未来和他者,道德价值则与对未来和他者的贡献有关。因此,一种经验越是广泛地涉及未来和他者,它的主体目的就越是道德的,其经验强度也就相应越大"。②"经验强度"与前述"经验宽度与深度"一体共生,"宽度"拓展了视野,"深度"则升华了情感,"强度"则生成更为广大的道德价值:"哲学美学化"逻辑生成的目的是对哲学最高理想"自明性"的审美式回归;"神学哲学化"属于现象学还原,但还原只是手段,对于"手段"的执

---

① 怀特海:《观念的历险》,洪伟译,上海译文出版社2013年版,第214页。
② 黄铭:《过程与拯救:怀特海哲学及其宗教文化意蕴》,宗教文化出版社2006年版,第261页。

着将导致哲学工具化,并因此而形成进一步"遮蔽",而"哲学美学化"属于二次还原基础上的再次"去蔽",最终生成怀特海所期待的"美学观念涉及整体与部分或环境与机体之间的和谐共存关系"。① "整体与部分"与"环境与机体"两个对子间"互动共生"关系是怀特海"形而上学-宇宙学"逻辑框架内在张力展开所致;"整体与部分"审美关系的达成有助于破解"人类中心主义"部落化思维,而"环境与机体"互生则生成深层生态学。基于"机体互动"而生成的宇宙间不同社会群落间美学协调的可能则会促进"宇宙协同性";而"宇宙协同性"过程就具体化于每一个现实实有"合生"过程中,因为"贯穿于合生中心的整合过程是由主体的统一性范畴、客体的同一性范畴和客体的差异性范畴这三个范畴赋予世界的合生统一性的动力。整个世界的同一性,这个世界的每一要素的同一性,在从一种创造物到另一种创造物的创造性进展过程中不断重复自身直到永远,每一个创造物在自身中都包含着全部历史并且体现出事物的自身同一和它们间的相互差异"。② 每一次"合生"都是对"多与一"关系认知的深化,"多"是关系性、动态过程中的"相互依存",而"一"永

---

① 黄铭:《过程与拯救:怀特海哲学及其宗教文化意蕴》,宗教文化出版社 2006 年版,第 263 页。
② 怀特海:《过程与实在》,李步楼译,商务印书馆 2012 年版,第 351 页。

远是"一",但该"一"属于"生成中、开放性的一",而宇宙"创造性进展"与"生命自由度(由对象生命而生命自身)"逐次提升相关,这也是怀特海"生命哲学"向"生命美学"转化动力所在。

第二节 怀特海生命解释学要义

怀特海生命美学是对柏格森及狄尔泰生命哲学相关理念的进一步细化,"生命哲学这个术语不仅是指以生命为主题的哲学,而且同时具有如下内涵:生命哲学是一种保护生命以对抗死亡的哲学。"[①]更新生命观,进而使个体生命融入更为整全的生命共同体中而获得"不朽"。这就需要由"生命哲学"而"生命美学"的转换,也伴随着"以体系阐释生命""以生命阐释生命[②]"向"以(总体-关系)过程阐释生命"模式的演化。在积极使用"阐释循环"的同时实现了由"生命哲学"而"生命美学"的转换,从而开启了"生命阐释学"新进路,其主要标志即"生命的去对象化"与"整全生命观"的生成,因为"真正的自然事实是,以个

---

① 穆尔:《有限性的悲剧:狄尔泰的生命释义学》,吕和应译,上海三联书店2016年版,第355页。
② "以体系解释生命"逻辑的展开造成生命被对象化的同时也不可避免地遮蔽了生命自身发展多种可能,而"以生命解释生命"逻辑的展开将导致"不同生命形式"的等级化,并最终生成以人类生命为基本尺度,进而观审别的生命形式的"主-客"二元思维,这也是狄尔泰哲学"自然科学-精神科学"二分前提所致。

人生命的这些先前事态为立足点,世界如此出现。抛开个性的特殊情况更一般地说,过去的客观现实现在正起着作用,而在过去它是现象。它们也许会被新事态中的新现象加以强调和修饰,不然就被调整。如此,现象与实在以及已完成的事实与期望便有了密切的并且是不可避免的融合。……这些是人类经验提供出来作为哲学分析的。我们倾向于从较高层次的人的角度来考虑这一融合,但它是一种贯穿整个自然的综合,这是基本的方式,以此新的内容进入世界的作用中去"。[①]倾向于从人的角度考虑"过去、现在与未来"间的关系并不就是以人为中心或立足人的尺度去思考当下自然世界中的生命演化过程,否则将再次退回到"生命的对象化"及"人类自身的对象化"逻辑轨道,"整全生命观"在很大程度上源自人类对于自身有限性与偶然性的主动认知。

1.1 怀特海整全生命观

由生命哲学演化来看,"康德将生命理解为'自身即原因和结果的'有机体。在这样的有机体中,各部分由于互为因果性而关联起来,而整体以一种构成力为特征。……在心理学的解释中,强调的是生命不可还原的个体性。……生命在历史主义者那里也扮演着重要的角

[①] 怀特海:《观念的历险》,洪伟译,上海译文出版社2013年版,第201页。

色,因为历史主义者的目标是理解生命表现。……狄尔泰将生命看作一个深不可测的原始事实,我们不能深入到'原始事实'的背后,但可以在其起作用的、充满意义的关联总体中描述和理解它。"①在狄尔泰精神科学视野中,该"关联总体"仅只局限于人类自身,这就使狄尔泰以"生命把握生命"的现象学进路始终处于"阐释循环"中;但"强调生命的对象性、客体性导致了认识论-方法论倾向;强调生命的历史性和有限性导致了存在论倾向,总体而言,这两个相互交织、相互斗争的向度共同构成了狄尔泰所说的历史理性批判。"②狄尔泰"认识论-方法论"进路强调那种因"生命、生活经验/经历与重要性"间相互作用而生成一种前反思"整体性"心理状态,怀特海对此表示部分认可。

怀特海认为生命的内涵主要在于对新颖性或创造性的追求,"动物享用(enjoy)结构。……而人类则理解结构。他可以从混乱的细节中抽象出支配性的原则,可以想象可供替代的解释,建构远期目标,比较不同的后果,而以最佳效果为目的。……在从我们的低级动物经验到高级人类经验的过程中,我们获得了有选择性的强调,据

---

① 穆尔:《有限性的悲剧:狄尔泰的生命释义学》,吕和应译,上海三联书店2016年版,第221页。
② 李永刚:《历史主义与解释学:以"历史性"概念为核心的考察》,人民出版社2016年版,第90页。

此经验的诱因(occasion)获得明确的界定。……人类既享用着对事实中的形式功能的想象,也享用着对其相互作用的价值结果的想象。"①所谓"经验的诱因"即对于自身生存过程中偶然性机缘的敏感而生发的对于诸多现实实有(actual entities)间关系的主动把握能力,这正是"机体论"对于"进化论"的补充,"机体除适应自然的一面(……进化论的机械面)外,还有改造自然甚至创造环境的一面(进化论的创造面)。……不仅是环境塑造了各式各样的机体,同时,机体也塑造、改变、创造了新的环境。于是,机体和环境之间达成了一种能动的统一与和谐。"②生命之流使得生命自身不可被范畴化,但却可从"结构"与"发展"角度对生命过程予以描述:生存属于第一需要,"生存也需要秩序,如果预设了生存而又离开了一定类型的生存所要求的那种秩序,那么就是互相矛盾的。正是在这点上有机哲学不同于任何形式的笛卡尔主义的'实体哲学'。因为,如果实体为了生存除自身之外不需要任何东西,那么实体的存在与环境中秩序的存在就不可能有任何关系。"③"有机哲学"取代"实体哲学"在使"生命去

---

① 怀特海:《思想方式》,韩东晖、李红译,华夏出版社1999年版,第70—71页。
② 陈奎德:《怀特海哲学演化概论》,上海人民出版社1988年版,第205页。
③ 怀特海:《过程与实在》,李步楼译,商务印书馆2012年版,第318页。

对象化"同时实现了个体生命对"整全生命"的回归;根据怀特海,个别实有的生命史,是更大、更深、更完整模式的生命史的一部分。个别实有的存在可能受较大模式的位态支配,并接受较大模式本身所发生的修正,因为"自然规律的演化和持续模式的演化是协同一致的。因为宇宙的现存一般状况,部分地决定了一些实有的本质,而这些实有的机能样态正表现为这些规律。总的原则是:在新的环境中,就有旧的实有演化为新的形式。"①"旧的实有"向"新的形式"的演化促成了"直接环境"向"有关环境"的演化,其中之"较大模式"即"人类中心主义"思维模式下人类机体与别的机体间关系的"主-客"二元化。批判"人类中心主义"之目的是实现对"人类"与别的生命机体间关系的调整,由此实体哲学中"人类-自然"关系成为内在于"客体中的我-客关系"之一,而同一个现实实有因为要同时充当"主体和客体"而逻辑地"肉身化"于具体场域关系中,进而使"身体"成为充当协调人类机体与别的自然机体间关系的中介体。"如果人的经验事态基本上以一维的个体秩序承继,那么在人的事态和物质自然事态之间存在着差别。人的身体的特殊地位即刻使自身否定了人的继承性的严格个体秩序的观念。我们从源自最近过去的事态的主导性的承继中会闯入无数通过其他途径的

---

① 怀特海:《科学与近代世界》,何钦译,商务印书馆 1959 年版,第104 页。

承继,敏感的神经、我们内脏的功用和我们血液构成中的紊乱,闯入承继的主线。以此方式产生情感、希望、畏惧、抑制、感性知觉,……身体上的承继至为明显以至于在日常谈话中并没有将人的身体与人的个体加以区分,心灵和身体被结合在一起。"[1]没有纯粹的身体,任何身体都是处于"经验之流"中的身体。这具"经验着的身体"在其对涵纳于周围世界中的事件及因此而"契入"事件之流的"诸多对象"进行经验的过程中既将过去"客体化"于自我当下体验结构中,也同时使自己当下的身体体验"客体化"于未来世界流程中。当然也没有纯粹的个体,任何个体都因同时处于"事件-对象"关系互动而生成的同时存在的多重世界(事实世界/可能世界/价值世界/目标世界)关系互动而不得不进行选择与决断,有选择就有排除,决断的实施以对不同世界关系予以协调综合为前提。

这就意味着"经验者"身体在去中介化过程中经验个体之"宽度/广度/厚度"逐渐生成及"美学综合体"的最终迫近,因为"人的身体无疑是事态的综合,它是空间自然的一部分,它使一系列的事态神奇地协同起来,以使它的承继分布在头脑的各个部分。……我们与身体统一的感觉与我们个人经验的最近过去的统一感觉有相同的来

---

[1] 怀特海:《观念的历险》,洪伟译,上海译文出版社2013年版,第179页。

源。……在人的经验和物质事态之间存在着一种普遍的连续性,对于这种连续性的详尽阐述是哲学的一个最为明确的任务。"[1]作为空间自然的一部分,去中介化的身体及其经验过程本身就是"人的经验"与"物质事态"交互生成过程。这种交互所表现出来的连续性生成是宇宙协同演化使然,演化动力生成于"生命"本质规定"创造与自由"间双向互动:一方面体现为"力、价值与理想"间互动而生成的"整全生命"宇宙外化过程,另一方面是作为"个体生命"因敏感于自身存在的偶然性与有限性而生成的"创造性超越"。

立足"整全生命观",可发现生命属于一种跨结构存在现象:结构不是封闭的,结构是处于过程中的结构;没有单一结构,只有系列结构群及不同结构群间关系。这意味着不同生命体或生命的不同类型间属于相互依存、一体共生关系;"我们的经验始于对力的感觉,进而对个体及其性质作出区分。……'实存'本质上是'结构'(composition)。力是结构的强制性。……最终的实存都具有力的统一性。力的本质是为了自身的利益而向感性价值的驱动。所有的力都源于这样一个事实:结构获得了为自身的价值。……力与意义都是这一事实的方面。

---

[1] 怀特海:《观念的历险》,洪伟译,上海译文出版社 2013 年版,第179页。

它构成了宇宙的驱动力,是保持其生存力量的致动因(efficient cause);它还是最后因,将其创造的欲望保持在创造物中。"① 宇宙演化过程及"宇宙之致动因"或"宇宙之驱动力"与"能量守恒"相关。"守恒"是动态中的、交换过程中的平衡,因此不存在独立自存的实有,任何实有都存在于与别的实有间相互依存关系中。依存关系的场域化与具体场域中稳定关系的生成则需要关系中不同实有间力量对比方面平衡的达成及平衡所需要之超越性"整体理想"的具备,而"价值"方面的达成就使如此生成的实存(结合体)在其"结构"方面具备统一性,而该实存之"统一性"的持续生成又需使之依存于包容性更为宽广的"结合体"中,如此以生命机体为中介就在"自然世界"与"周围世界"间建构起贯穿整个"宇宙总体"的生命运化过程,由此社会历史世界中任何实存都存在于由能量流与信息流相互交合而生成的以平衡与再平衡为特征的宇宙流程中;此外"外在性的感觉是以对结构过程的基本的自我分析为基础的。这一分析揭示了结构中的各种要素,以及这些要素的自我享用和把自我享用归于它们作为要素的直接结构。这些要素有两种类型。一种类型是:诸多要素形成了历史过程中新的创造的历史环境;这些要素在新的

---

① 怀特海:《思想方式》,韩东晖、李红译,华夏出版社 1999 年版,第 107—108 页。

结构之中,而这新的结构就其完成而言也是这些要素中的一个。这就是对经验的基本的解救(deliverance)……"①"经验的解救"即恢复经验在"认知世界"过程中的应然地位。生命体具体经验过程都是基于"特定结构"及相应"概念-观察-评价类型"下的"经验表达",而一种经验表达的可能既意味着对别的经验表达的"遮蔽",也意味着"整体经验"的难以达成。对于"整体经验"的追求与别的经验表达的兼顾需要"总体视野/整全生命"的奠基。

这就涉及"经验自我享用"第二种类型,而其所需之要素就其本性而言,一个例子就足够了:这种要素是我们在对历史事实整体本身的价值之本质的统一性的分析中揭示出来的,"宇宙中有这样一个统一体,它享用着价值,并因其无所不在而分享着价值。举原始森林中孤零零的林间空地上的一朵鲜花为例,没有一个动物有如此敏锐的经验去欣赏它的美,但这种美却是宇宙中的一个庄严的事实。当我们考察自然时,想到动物对自然奇观的享用是如此地肤浅而易逝,当我们认识到单个的细胞和每一朵颤动的鲜花是多么不可能享用自然整体的外貌,那么我们对整体的细节的价值感就会被我们的意识所悟到。这就是对虔诚的直观,对神圣的直视——这就是一

---

① 怀特海:《思想方式》,韩东晖、李红译,华夏出版社 1999 年版,第 108 页。

切宗教的基础。在每一个高级文明中都有对这种神圣感的生动表达。但它又趋向于蜕化为经验中的隐性因素(recessive factor),如同文明的每一个阶段都要走向它的衰退一样"。[①] "整体细节"的价值在于我们往往过于关注"细节"而忽视了作为背景的"整体"的重要性及其价值。按照怀特海的理解,这种"行为型式"将造成文明的衰退,因此有必要对支撑该"行为型式"的"情感或信念型式"予以修正。这就是怀特海"宗教理性化"内涵所在,而宗教理性化可能在于"神学哲学化"逻辑,本质上源自"创造性与自由"为其规定性的生命本质。

1.2 世界观类型与差异化经验共在

怀特海"神学哲学化"及"哲学美学化"逻辑的历史性转化源自"整全生命"与"宇宙总体"相互需要,其内含怀特海"世界观类型学"——科学世界观、神学世界观、哲学世界观与美学世界观复杂互动;该互动过程使得关于怀特海过程哲学的分析具备了"历史分析"特征:"在怀特海那里分析仍是哲学的首要功能。……他把分析划分为……非时间性的分析……时间性的分析。前者就是……'逻辑分析'——对已完成的事物的逻辑分析;后者就是……'历史分析'——针对过程的历史分析。……逻辑分析是数学式

---

① 怀特海:《思想方式》,韩东晖、李红译,华夏出版社 1999 年版,第 108 页。

的或分类式的或纯形式化的分析,而历史分析则是审美的或发生学的分析。……他根本不承认……存在黑格尔式的'辩证逻辑'。……他的历史分析也不是把历史纳入'否定之否定'的三段式辩证法过程,而是诉诸类似进化论过程的发生学式的、审美式的逐步转换的分析。"[1]怀特海生命美学既是对康德先验美学的逆转,也是对黑格尔神学美学的超越。

黑格尔体系中"人类的历史是神演变的一个阶段,神必须穿越历史,同时给予历史一种理性和戏剧性的秩序,即一种预先确定的辩证演变。神意的古老秩序原是千禧年信徒末世论的思辨对象,现在变成了历史的内在理性;神自己也作为世界精神和历史精神得以体现。……这时的历史成了某种'异化',历史是痛苦、奴役和不幸的阶段,但这个阶段将走向重新统一,走向人的精神的彻底解放。作为进步必须的与合理的阶段,对抗、斗争、灾难都是'实在'的,而在进步面前,个人的存在和行为无关紧要。在黑格尔看来,进步的最终目标仍是神学性质的……"[2]黑格尔历史分析服务于其"神学世界观"逻辑的生成,其"绝对精神"历史化进程中展现的"逻辑与历史的一致"本质

---

[1] 陈奎德:《怀特海哲学演化概论》,上海人民出版社1988年版,第224—225页。
[2] 安东尼:《历史主义》,黄艳红译,上海人民出版社2010年版,第119页。

上服务于德国民族国家崛起的需要;狄尔泰以"类整体"为研究对象的精神科学对于"客观精神"的分析只是把"属人的历史还给人",其中"客观精神"与"社会历史世界"相互生成奠基于"体验的内化"与"情感的普遍化"。而"怀特海的(两种)分析(时间性的和非时间性的)虽然是首要的方法原则,然而这种分析仍需要综合来补充,否则哲学就会误入……'具体性误置的谬误'。……生命科学除了在某些方面把问题分析还原为物理化学问题外……也必须把活的机体作为整体来研究,还特别研究这种整体及其结构在历史中的进化。"[1] 无论康德试图以"无时间性"先验范畴对世界历史过程予以阐释,还是黑格尔使"世界历史过程"服务于其神学世界观的世俗化进程,在怀特海那里都属于"具体性误置"谬误,即以"概念范畴"史取代或等同于具体的、多元互动的社会世界历史,本质上属于对"经验整体"的忽视;而"怀特海把经验秩序的源泉或中心放在构成经验整体的多元的事物或'实体'的领域中,……经验客体的统一性条件不像康德所认为的那样存在于认知主体的自我建构活动或能力中。相反,一个客体统一性的条件存在于客体自身的自我构成、自我组织活动中,这样的客体被定义为自我实现

---

[1] 陈奎德:《怀特海哲学演化概论》,上海人民出版社 1988 年版,第 227—228 页。

或自我构成性'事态'或'实体'"。①"客体自身的构成"生成于不同客体的互动,不同客体间关系互动在使"客体自身"历史化的同时也使宇宙空间化为具有无限"包容性"的容所,而具体经验过程就同时成为对于"宇宙与客体"的经验。这意味着对"生命经验"的阐释需要把生命置放于由"宇宙总体-经验总体-生命总体"互动而生成的历史过程中,生命属于关系中的生命,而任何形态的生命都与别的生命形态处于"差异共在"状态。这属于关联式经验共在。"共在的经验"显然并不否认差异化宗教经验"共时性存在",因此经验阐释之本即是将这种"共在经验"转化为"共享"的经验。否认"经验共在性"正是对"自我或私我经验"的偏好,这是"传统主体论"观点之内涵,由"经验私我"向"经验共在"予以转化的可能在于摆脱前者的部落化"私我经验"而回到"经验总体"与"万物共生"生命美学的关联。

这就是怀特海所倡导"改造主体论"目的所在。"所有那些承认个体经验的各种组成成分和外部世界的各种组成成分二者之间相互分离的形而上学理论,不可避免地会碰到关于命题真假以及关于判断的根据问题上的困难。前一个困难是形而上学性质的,后一个困难则属于

---

① 菲利普·罗斯:《怀特海》,李超杰译,清华大学出版社2019年版,第25—26页。

认识论性质的。但是,所有有关第一原理的困难都只是隐蔽的形而上学的困难,因此认识论上的困难也只能求助于本体论才能解决。前一个困难提出了如何说明真和假的问题,而第二个困难则提出了对真和假的直观知觉的说明问题。前一个问题涉及命题,后一个问题则涉及判断。在个体经验中有一种共在性的组成要素。……它是经验自身本质的共在性,不需要借助任何其他东西就能够得到说明。……无论谈论的是经验之'流'还是经验的'机缘'都无关紧要。就前一种情况来说,就有处于流动中的共在,就后一种情况来说,就有机缘中的共在。……无论哪一种,都存在着唯一的'经验的共在'。对经验的共在性的研究提出了一个终极的形而上学问题,那就是:'共在性'是否还有其他任何意义。否定任何其他意义的共在性,也就是说否定任何不是从经验意义中抽象出来的意义,这就是一种'主体论的'观点,而这种改造了的主体论观点,就是有机哲学的观点。"[①]"命题"生成于具体经验过程中,而具体经验则涉及"实有与潜能"关系问题;命题"真与假"与具体场域相关,潜能于具体场域中的实现则构成"真命题",而随着场域变化"真命题"则演化为"假命题",因此一个命题的价值在于该命题所内含不同关系

---

① 怀特海:《过程与实在》,李步楼译,商务印书馆2012年版,第295—296页。

项及彼此关系在历史进程中可能的变化。命题"凯撒渡过卢比孔河(BC49)"基于罗马由共和而帝制历史演进来说属于"真命题",对凯撒麾下已然年老士兵及后世旅游者而言,当他们再次在场于当年战场或卢比孔与凯撒雕像关联而成的具体场域时,该"命题"之于罗马帝国史及后来欧洲大陆历史演化价值就发生了历史性迁移。

因此为怀特海有机哲学所倡导"改造了的主体论"本质上属于"(事件)多元主体"论;这一点与其过程哲学"多元客观论"相契合,这也意味着"判断"与价值序列中选择相关,而任何判断都相应地是基于具体场域、立足于一定价值偏向的判断,而判断过程中的"价值偏向"或对于具体场域的执着则会造成"形而上学"困难。对于该困难的解决之道在于确认"经验共在"本体论价值的同时积极在场于"宇宙总体-经验总体-生命总体"关系过程,从而使处于具体经验过程中的经验者处于"超体-主体"逻辑过程中。"一切机体的活动以超体作为机体的目标,而不是出自一个作为'主体'的机体。这种活动由先前的机体所引起,而指向直接的机体。它们是'向量',就在于它们传递许多东西构成唯一的超体。这种创造过程是有节奏的、周期性的;从许多事物的公开性转向个体的私自性,又从私自的个体性转向客体化个体的公共性。前一种转向是由作为理想的终极因所支配的,而后一种转向则是由作为现实的动力因所支配的。"[1]"经验共在"的生成是机体哲学终极理想,但"经验共在"的生成离不开具体经验者"经验"之"广度/宽度/厚度"的生成与不同经验者"视域"交换与共享;"视域共享"不但促进"经验私密性"向"经验共在性"生成,也促进"不同类型世界观"相互替代,这正是"神学哲学化"与"哲学美学化"范式转换的前提所在。

因为"宗教关系以及哲学思维之特征往往使世界观局限于某些固定类型。宗教关系构造各种共同体并且创造传统,而哲学思维的特征表现在稳定的概念结构的连续性中"。[2] 宗教世界观起源于某种特定的宗教经验,而与之相辅的神学则服务于该种宗教经验的普遍化;而"每一种哲学世界观都只能阐明多侧面的生命之谜的一个特定面相,……哲学世界观为追求概念的明晰性和不含糊性付出的代价是必然的片面性"。[3] 怀特海生命美学"整全生命观"强调生命机体以"自组织与自协调"为手段而推进机体"自创生"可能:"在明显具有生命的身体内,似乎

---

[1] 怀特海:《过程与实在》,李步楼译,商务印书馆2012年版,第236—237页。

[2] 穆尔:《有限性的悲剧:狄尔泰的生命释义学》,吕和应译,上海三联书店2016年版,第296页。

[3] 穆尔:《有限性的悲剧:狄尔泰的生命释义学》,吕和应译,上海三联书店2016年版,第298页。

已经达到了一种协调,它将在基本事态中所固有的作用提升到主导地位。对无生命物体而言,这些作用相互构成障碍,达到平衡,从而产生极小的总体效果。而在生命体的情况下,协调介入其间。……在现实事态的自我形成中的这些活动,如果事态是协调的,并产生有生命的社会,那么这些活动便是中介性的精神作用。……只要事态的精神自发性互相并不抵触,它们直接指向各种环境中的一个共同目标,那么就存在生命。生命的本质是为了目标有目的地引进新内容,新的情况与适应坚定目标的作用的新颖性相遇。……没有单个的事态可以成为有生命的,生命是在整个社会的事态中的精神自发性的协调。"①精神的中介功能与精神自发性协调是以"自组织、自协调"为其规定性的生命特质所在。该特征使生命体在与自我物质创造保持距离的同时在其精神层面始终保持一致超越性潜能。这种超越一方面体现为精神对自身中介功能的体认,以观察或解释类型出现的精神产品只是精神对于生命体所处身其中的社会事态的抽象而已,另一方面这种超越性体现为精神对自身有限性的认知与对"他者价值"包容基础上的主动协调,并在与"新颖性"相遇中进入"自创生"过程。

---

① 怀特海:《观念的历险》,洪伟译,上海译文出版社2013年版,第196页。

1.3 生命解释学与公共阐释

所谓"精神自发性的协调"是怀特海"思辨哲学"内涵的进一步延伸;"思辨哲学"追求体系化,也寻求体系哲学对于现实经验过程的有效解释,目的是寻求体系哲学的进一步完善,这就逻辑地要求"经验者"视域的不断扩大与不同经验者"视域共享"可能的同时促进"观念体系"不断修正,从而使怀特海过程哲学呈现出强烈的"文化公共性"关怀。虽然"我们考虑的是所有的空间,从无限到无限;我们所考虑的是所有的时间,从永恒到永恒;我们所考虑的是所有存在的无限丰富性,根据其无限量来理解。……但我们所要涉及的不是预想的概念,我们所看到的事实是有限区域的实际情形。所谓某些东西必定是实际的情形,我们所观察到的事实上也是已经如此的实际情形,没有预想的东西,所以也不存在无限的不可能性。……过去的事实既不是可能的,也不是不可能的,它事实上是我们观察的范围内发生的事"。[①] 对过去事实的解释既影响到对"当下事态"的判断,也影响着"当下事态"的未来演化;"文化公共性"关怀要求生存于"有限区域"内不同生命体间"有效协同",这也是前述"宇宙协同

---

① 怀特海:《观念的历险》,洪伟译,上海译文出版社 2013 年版,第 117 页。

性"使然,"由于宇宙的协和性进入社会之社会以及社会中社会的社会,所以它获得了价值。……存在不同层次的社会,……自然界是一个具有持久性的客体的综合体,它在较大的物理空间的社会中起着从属的作用,所以没有理由将它和现实事物的无限整体相等同。"①不等同"不等于"漠视或将"自然界"客体化,"自然社会"与"人类社会"相互依存有助于"宇宙能量守恒"的保持,"能量守恒"也要求"自然社会"与"人类社会"间的协同,自然也需要不同尺度"人类社会"间的协同,目的在于遏制可能的"文明衰退"。

因此达成"视域共享"既具有一种伦理紧迫性,也历史地要求着"经验的私密性"向"经验共在性"的逐步转换,以推动"宇宙总体-经验总体-生命总体"间的良性循环可能。"经验的事态是一种活动,它可以分解为各种作用的方式,它们共同组成其生成的过程。每种方式分解为作为主动的主体的完整经验以及该特殊活动涉及的事物或客体。事物便是材料……材料的描述是不参与它对事态的参与。客体也是起材料作用的东西,它激发起那个事态的某种特殊活动。主体和客体是相对的术语,事态是涉及有关客体的特殊活动的主体,任何可成为客体

---

① 怀特海:《观念的历险》,洪伟译,上海译文出版社2013年版,第195页。

的事物可以激发在主体中的特殊活动。这种活动的方式称之为'把握',把握包括三个因素。包括有经验的事态,其间把握成为活动的细节;有材料,其关联性激发起把握,材料是被把握的客体;有主体形式,它是情感基调,它决定了经验事态中把握的效果,经验如何构建自身取决于主体形式的复杂性。"[1]把握有"物理把握"与"概念把握"两种形式,由"物理而概念"把握的可能基于"待把握材料"的"关联性特征"。因为任何实存都是关系中的同时性的存在,"相关材料"在单独"物理把握"中使"把握者"成为主体的同时也因为同时存在的另外把握者的"情感基调"而成为其"把握过程"中的"客体"。随着把握者(经验者)"视域"的不断扩大与"共享视域"的逐步生成,处于经验过程中的"过程主体"就同时拥有了"逻辑主体""生命主体""包容性主体"三重身份:"生命主体"是对"逻辑主体"的超越与向"包容性主体"的逐渐生成,也意味着"生命主体"自由度与创造性相应增长;"对于可能性的想象享用,考虑到了自由或自我决定的最复杂的表现形式,因为这些考虑允许按照自我建构的理想协调各种活动。"[2]"包容性"的逐步生成伴随着"视域"的不断拓展,而

---

[1] 怀特海:《观念的历险》,洪伟译,上海译文出版社2013年版,第166—167页。

[2] 菲利普·罗斯:《怀特海》,李超杰译,清华大学出版社2019年版,第100页。

创造性则在于"视域共享"之"新颖性"的现实化,而生命的价值就在于因"新颖性"逐步实现而获取"自由"的过程;这种自由就是出于"自组织与自协调"意向而自我决定的自由,作为"一种创造性活动,它使某种现实或确定之物得以出现,或从继承下来的种种不确定可能性中钻出来。……自由不单纯是服从自然规律;自由也不存在于对物理规律统治的让与中。相反,在生命有机体中表现出来的更复杂形式的自由,代表了对物理规律、对必然性铁一般统治以及对自然习惯的挣脱。……生命本身就是对宇宙重复机制的一种冒犯。……人的自由只不过是一种更复杂形式的冒犯,一种克服自然规律统治的努力"。① "规律统治"或"自然习惯"大都来自"思维模式"固化,"人类中心主义"及与之相关的"历史终结论"就属于"主-客"思维的固化,二者或造成"人类与自然社会"切割或造成"人类社会"不同形态间的对立,进而影响宇宙文明化进程;"坚持在不恰当的时节使新颖的事实产生便是恶的诡计。……新颖的事实可能后退、停滞和推延。但是当着创造性进展确实到来时,这种进展在内容上将会更加丰富,条件更加充分而且更加确定。因为一个现实实有只有在另一方面有肯定的贡献才会使它的客体效

---

① 菲利普·罗斯:《怀特海》,李超杰译,清华大学出版社2019年版,第110—111页。

能受到限制。事实之链犹如一块巨大的堤礁,在一边会造成触礁失事,而在另一边则是可供停泊的港湾和安全地带。支配着事物规定的种种范畴说明了之所以会有恶的原因;但同时也说明了在世界的前进过程中,各种特殊的恶的事实为什么最终会被超越的原因。"①超越"恶的事实"需对"恶的事实"所以生成的背景予以显豁,需要对背后起支撑作用的不合时宜"思想方式"予以批判性超越。

其中,对"人类中心主义"的批判性超越在使"非人类中心"思维生成的同时也会逐步弥合"自然社会-人类社会"间已然生成的裂痕,并逐步实现向"整全生命观"回归,这是怀特海美学的最终理想。"正如复杂形式的人的自由是一切现实事态自我组织或自我建构活动的自然表现,复杂形式的美也是为一切现实事态所特有的和谐目标的自然表现。……美就是一个经验事态中若干要素的相互适应。对美的追求,必然包含一种整体与部分之间的相互适应性关系。"②美是和谐的实现,和谐的实现离不开整体与部分因相互适应而生成的总体和谐,而总体和谐的达成是通过克服冲突或不和谐事态而可能的;"宇宙决不能被归结为一个单一的起统一作用的事态,甚至不

---

① 怀特海:《过程与实在》,李步楼译,商务印书馆2012年版,第343—344页。
② 菲利普·罗斯:《怀特海》,李超杰译,清华大学出版社2019年版,第113—114页。

能被归结为上帝。相反,在一个由先前、后继和共时关系构成的多元的领域中始终有多种事态共存。"①多种事态共存即共同在场状况,该状况之持存则可能造成彼此差异扩大,"每一个事态的自我构造过程都独立于它的共时事态,每一事态所实现的独特综合都将在为将来所设置的限制中引入附加的差别。正是通过共时事态所引入的必然差别,以及那些差别作为对于将来的不同看法而提出的各种对比,产生了挫折和不和谐。"②"不和谐"将生成"恶",超越"恶"需立足"整全生命观"对共时态中不同事态相互作用所可能的价值进行想象,否则会为唯我主义所制的同时造成不同事态相互遮蔽。

"整全生命观"与"宇宙总体和谐"间的协调可能一方面使怀特海"过程哲学"呈现出"生命解释学"面向,另一方面也使针对"生命解释学"内涵把握和建构过程的解释具有"公共阐释"向度,这正是过程哲学"透视主义"特征价值所在,"如果任何事物都直接或间接地与宇宙中的其他每一事物相关联,那么它必在宇宙构架中拥有一个独特的地位。……它构成了宇宙的一个'观点'。这里,'观点'与'透视'是相关的概念,相对于每一个观点,都存在

---

① 菲利普·罗斯:《怀特海》,李超杰译,清华大学出版社2019年版,第116页。
② 菲利普·罗斯:《怀特海》,李超杰译,清华大学出版社2019年版,第119页。

一个透视,这个透视简单地说就是,此宇宙之其他部分是如何与那个观点关涉的。……要点是,对于任何存在物都不可能有完全确定的透视,……创造性进展乃是一个不定地行进中的历程。"[①]强调怀特海"生命解释学"公共阐释向度,是因为"创造性进展"本身属于伦理中立,这就使卷入"创造性进展"过程中的不同实有有责任在加强彼此协调的同时展开有意义对话,从而使"创造性进展"逐渐趋近总体和谐,这就要求思维方式方面的改变。怀特海《思想方式》就是对该问题的处理。

---

① 唐力权:《脉络与实在:怀德海机体哲学之批判的诠释》,宋继杰译,中国社会科学出版社1998年版,第160页。

第四章 《思想方式》与共同体意识

怀特海认为"哲学的用处就在于使阐明社会系统的基本观念保持一种活泼而新鲜的特性。……哲学的目的是使神秘主义理性化:它不是通过解释而消除神秘主义,而是通过引入新鲜的言语特性,进行理性的协调"。[1] 立足技术层面,协调的可能在于语言的逐步公共化;而立足文化层面,协调可能在于思维方式的改变。不改变语言的文化属性,因协调而生成的对话有可能趋于自说自话;不使一定思维范式与其文明背景相疏离,因协调而需要的思维方式的变革也将举步维艰,这正是其著作《思想方式》价值所在。

第一节 意义、理解与表达

《思想方式》中强调意义及理解问题的重要性既是其体系建构需要,也是人类文明发展需要。"我们没有理由

---

[1] 怀特海:《思想方式》,韩东晖、李红译,华夏出版社1999年版,第154页。

认为秩序比混乱更重要。我们的任务是发展一个能容纳二者并且为扩展渗透提供途径的一般性概念。我的建议是从宇宙的两个方面的观念出发。它包括一个统一性的要素,其中包含了事物的内在关系、目的的统一性和享用活动的统一性。整个意义概念就与这个终极的统一性相关。多样性的因素在宇宙中也同样重要,其中存在许多实存,它们都具有各自的经验、个体的享用活动与相互需要。"①意义的理解需从怀特海语言观开始。

1.1 怀特海语言观:从理解到表达

怀特海语言观与其"价值-经验形而上学"相匹配,而"价值-经验形而上学"的可能源自"在场形而上学"的可能,因此语言首先是经验者个体经历的表达。而个体经历又不纯粹是私我的经验过程,它往往伴随着个体与他人所卷入其中的不同事件,因此个体经验存在者对于自身所卷入其中的诸事件对象间的关系往往是复杂多变的,其中夹杂着情感评价与价值表达,而这一点往往为前怀特海哲学所忽略:"全部现代哲学都在纠缠于用主词和谓词、实体和属性、特殊和普遍来描述世界的难题之中。结果总是损害了我们表现在行动、希望、同情、目的中并

---

① 怀特海:《思想方式》,韩东晖、李红译,华夏出版社 1999 年版,第 46—47 页。

为我们所享有的那种直接经验。……我们发现自己生活在一个吵吵嚷嚷的世界,生活在众生平等的世界之中,而传统的哲学在这样那样的借口之下,只是引导我们面对各种孤立的实体,使每个人都感受一种虚幻的经验。"[1]个体经验都是在场且私有的,但因个体处于一定关系结构之中,私有经验的表达及其理解可能所需借助的语言符号却具有公共性品质,日常语言、政治语言、神学语言及科学语言等皆如此。

怀特海认为要当心"语言产生的解释性妄想症"。[2]"解释性妄想症"即传统哲学实体形而上学因对符号的唯我使用而生成的"虚幻经验",即立足地方性历史文化传统而生成的"概念类型"的超越性使用。"符号的使用可以是合理的,也可能是不合理的。必须总是要从实效上来检验合理性与否。如果符号的使用导致一种承继路径沿着感知者机缘形成感知者'个体',构成成功的有利进化,那么这种符号使用就是合理的;如果符号使用导致不利的进化,那么它就是不合理的。"[3]语言使用必须顺应环境变化而主动创生,并在以符号对外在环境予以塑造的

---

[1] 怀特海:《过程与实在》,李步楼译,商务印书馆2012年版,第80页。

[2] 郑承军、陈伟功:《论怀特海的语言观》,载《世界哲学》2019年第3期。

[3] 怀特海:《过程与实在》,李步楼译,商务印书馆2012年版,第282页。

过程中与环境共生。换言之,语言与实在处于相互生成过程中,"怀特海对语言表述及创生努力则充满信心,因为符号与意义是相互转化的。……存在着一种双重的符号指称——说者以物指词,听者则逆而以词指物。……一个文明社会既要尊重符号,而且也要根据时代要求合理地修改符号,那么,既然语言作为符号的一种实例,人们就不仅应当尊重语言的传统,也应当依据价值理性对其进行主动的修改和操控,而不能任其自生自灭。"[①]基督教神学语言在其传统阶段将"至高者"与"上帝"等同,而在怀特海过程神学关于"至高者神"表达的符号使用中,"耶和华"仅仅是众多符号之一,此外还有"真主、梵天、在天之父、天之道"等不同符号都可用来表达"至高者神"。因此"符号"与"意义"间的"同一"属于"在场的同一",同一符号之意义表达应随着场域关系变化而变化,此即"听者逆而以词指物"之所指。符号使用之理解在于把握"听者-读者"间基于"主体间性"层面的互动,本质上是"自由"概念与"超主体-主体"关系范畴的互动,主体若不主动去把握自身生命过程,主体就有被客体化,并进一步沉沦于物性中的可能。

---

① 郑承军、陈伟功:《论怀特海的语言观》,载《世界哲学》2019年第3期。

因为"如果把陈述的主-谓形式当作形而上学终极的形式,那么就不可能表达这种关于感觉及其超体的理论。最好是说各种感觉目的在于求得它们的主体而不是说这些感觉被指向它们的主体。因为后一种表达方式使主体离开感觉的范围而把它们归于一种外在的作用者"。[①]"外在作用者"即"实体-属性"式语言表达,该表达恰恰是对存在多样性特征的遗忘,而存在的联系是理解的本质,联系是多样性联系,理解的目的即通过阐释"存在多样性联系"而使存在"自明性"不断生成:"哲学的难点在于表达什么是自明性。我们的理解超越了语词的日常使用。哲学与诗相似,哲学是一种为诗人表达生动的意外之意寻找习惯用语的努力,它力图将弥尔顿的《力息达斯》(*Lycidas*)还原为散文,由此产生了另一种可用于联结思想的语词符号。对哲学的这种说法表明,理解主要并不以推论为基础。理解是自明的,但直觉的明晰是有限的、闪烁不定的。因此,推论便成为获得我们所能达到的这种理解的一种方式。证明是扩展我们不完善的自明性的工具。它们预设了某种自明性,而且假定这种明晰性表现出一种向我们对周围世界的模糊认识的不完善的渗透。事实世界、可能世界、价值世界和目标世界皆所谓周

---

① 怀特海:《过程与实在》,李步楼译,商务印书馆 2012 年版,第 341—342 页。

围世界。"①弥尔顿《力息达斯》是对"英格兰教会腐败"的批判;"教会腐败"部分与"神学解释封闭化"相关,"封闭体系"中的"神学解释学"所生成的"阐释循环"属于"循环阐释"消极使用,其解释效果来自体系自身的"逻辑自洽",属于"预设的自明(逻辑自明)"。弥尔顿《力息达斯》之部分价值在于以诗学方式表达"神学哲学化"逻辑生成的历史必然性。"理解力有两种进步方式:一个是既定模式内的细节汇集,另一个通过强调新的细节而发现新模式。人类理智为联结模式的教条主义所阻断。宗教思想、美学思想,对社会结构的理解,对观察的科学分析同样被这种致命的毒株变成侏儒。"②超越教条主义需要哲学的进步,哲学的进步与对"存在自身多样性联系"本质的理解有关。

怀特海认为指导着"我们观察的特殊解释框架或概念体系,绝不是任何绝对最终或必然意义上的先天之物。……解释系统是偶然发展起来的建构,旨在突出或关注经验的某些特征,把它们从经验意识的背景移至前景"。③ 经

---

① 怀特海:《思想方式》,韩东晖、李红译,华夏出版社1999年版,第45—46页。
② 怀特海:《思想方式》,韩东晖、李红译,华夏出版社1999年版,第53页。
③ 菲利普·罗斯:《怀特海》,李超杰译,清华大学出版社2019年版,第16页。

验过程与经验过程中"意识"的生成是对某经验对象予以特别关注的结果,突出对象的某一方面必然造成对其他方面的忽视,背景前景化的结果是未被前景化的方面被遮蔽,而"思辨哲学的部分价值在于重新调整我们概念框架的'标定',从而开启新的观看方式,并突出我们继承的假定可能作为'背景噪音'加以忽略的那些经验要素。"① 事实上任何框架中的解释都是对经验自身的一种限定,人类不可能拥有"全知视域",其所拥有的视域都是有限的;知识或文明的进步就部分体现在因"视域"逐步拓展而扩大的"理解能力"方面,包括理解对象、增进理解的意欲及为理解的达成而付出的努力等方面,这意味着"我们需要对理解加以理解。……可以开启理智的片段,但总存在着某种超越领会(comprehension)范围的理解,原因是纯粹从所理解的事物中抽象出来的理智概念是一个神话。……完全的理解需要对世界进行完美的总体把握。而我们是有限的存在,这种把握对我们来说不可能"。② 人类与动物的区别就在于对于自身"有限性"的创造性超越,这种超越性的努力在推动着人类文明前进的同时也推动着人类的自我超越。随着"视域共享"不断扩大,人

---

① 菲利普·罗斯:《怀特海》,李超杰译,清华大学出版社2019年版,第16页。
② 怀特海:《思想方式》,韩东晖、李红译,华夏出版社1999年版,第39页。

类在理解自身与宇宙多样性方面也取得相应进步,这种进步自然也拓展着人类的表达可能,最终服务于"存在自明性"的逐步生成。"自明性是支撑所有伟大(greatness)的基本事实,而证明是获得自明性的途径之一。……在哲学作品中证明应该微不足道。全部努力应当用于展现关于事物的本质及其相互联系的基本真理的自明性。……哲学力图弄清楚有关事物本质的主要证据。所有理解依靠这种证据的预设。一种以正确的言语表达的哲学刺激了所有前提所预设的这一基本经验,它使人类精神的内容易于处理,给片段式的细节添加了意义,揭示了转折、联结、一致性与不一致性。哲学是对统治着特殊思维方式的抽象的批判。"[1]随着批判的深入,"存在自明性"也逐渐发生由"逻辑自明性",经"历史自明性"而"美学自明性"的转换,也要求语言层面就人类形而上渴望的相应表达,这属于思想的自由,"语言使思想自由成为可能;我们因而从情绪和环境的直接性的完全束缚中解放出来。"[2]语言表达是思想的表达,思想总是超越自身有限性与生存环境直接性的。这种形而上学表达是因人感知自身"有限性"而生成的超越性表达,意义就生成于"有限与无

---

[1] 怀特海:《思想方式》,韩东晖、李红译,华夏出版社1999年版,第44—45页。
[2] 怀特海:《思想方式》,韩东晖、李红译,华夏出版社1999年版,第34页。

限"关系过程中。

换言之,"意义产生于有限中固有的无限性。而表达则以有限的情境为基础。它是把自己铭刻在其环境中的有限行为,因此它根源于有限的事物,在其超越自身的众多同类物中表现出它固有的有限性。意义性和表达二者一起既是世界的一元性的根据,也是其多元性的证据。意义从作为一的世界转移到作为多的世界,而表达则是从多到一的世界的礼物。"①怀特海关于"事实世界、可能世界、价值世界和目标世界皆所谓周围世界"表述中的"周围世界"所达成的是对胡塞尔"先验(逻辑)自明性"的超越,实质上仍然是"多的世界",这个"多的世界"所敞开的正是"人类经验中善恶共存的自明性的显豁"。因此"由多而一"世界的生成依然需要经由"经验共享"才能达成"审美自明性","经验共享"可能依然需要"现象学还原"才可能进入"审美自明性"所要求的协调,因为协调的介入"是对人类概念性经验的扩展。这种概念性感受的特征是这样一种感觉:什么是应该发生的和什么是本应发生的。……在发展的最高阶段,就是一种对理想(Ideal)的接受。……这种感觉在不同类型中展现自身,如道德感,神秘的宗教感,对精细调节的感觉——即美,对相

---

① 怀特海:《思想方式》,韩东晖、李红译,华夏出版社 1999 年版,第 22 页。

互联系的必然性的感觉——即理解,对要素的区分的感觉——即意识。感受的本性要求表达。这样,这些不同感受的表达就产生了不同于对动物行为的叙述的人类史。历史对人类而言是感受的表达的记录"。① "应然与实然"间"间距"既使历史自身多样性被表达,也使历史叙述有可能超越"历史主义"有限叙事,并在协调"多样性联系"不同发展方向过程中向"审美自明性"生成。

因为"理解从来不是完全静止的精神状态,其特点是它总是处在一个不断拓展视野的、不完全和有所偏好的过程中。……当我们认识到自己参与了不断渗透的理解过程,就会比认为自己已经完成了这一理智的工作而拥有更完整的自我认识。……这种完成却预设了与某种被给予的、不确定的环境的关系,强加了某种视角并等待着探索"。② 所谓"有所偏好"即个体为自身文化传统所拘约而不自觉陷入价值比对而形成的私我性"善恶"判断,这构成理解者的"经验视域";突破这种有限"经验视域"需要"整全生命观"与"宇宙总体"间双向互动,由此而生成伦理表达,"人是宇宙的儿童,经常带着非理性的希望去做愚蠢的事。一棵树所执着的仅仅是生存,一只牡蛎也

---

① 怀特海:《思想方式》,韩东晖、李红译,华夏出版社 1999 年版,第 27 页。
② 怀特海:《思想方式》,韩东晖、李红译,华夏出版社 1999 年版,第 40 页。

是如此。……在这个意义上,以生存为目标的生活在人类的目标中被修正了——为使有真实价值的经验多样化而生存。哲学的陷阱(易犯的错误)是仅仅关注那些易于控制的关系,而忽视那些作为基础的自然的必然性。……我现在要辩护的是,我们全部经验的构成是出于我们与其他事物的关系,是由于即将出现的事物的新的结构关系而形成的。现在迎接过去而建设未来。"[1]立足"宇宙总体-经验总体-生命总体"关系,哲学或伦理学需关注的不是那些已被实现的,而应去发现哪些依然有待改进之处。

1.2 意义与内在关系

过程中的"宇宙总体-经验总体-生命总体"互动关系使"意义"主要地生成于"外在关系"与"内在关系"循环演化中。根据前述,"总体宇宙"所内含之六种范围(尺度)大小不一的"社会系统"因为相互包含而导致彼此处于相互间"既外在又内在"关系状态。"宇宙社会"对于"人类社会"而言虽然是"外在的",但"人类社会"却在内在于"宇宙社会"的同时却与包括"动物社会""植物社会""单细胞社会""无机社会""极微小基质之聚合社会"等在内的"自然社会"也都处于"既外在又内在"关系状态。失去

---

[1] 怀特海:《思想方式》,韩东晖、李红译,华夏出版社1999年版,第30—31页。

作为"容所"的宇宙社会的依托,谈论"自然及人类社会"将没有任何价值。没有自然社会,更遑论人类社会及其历史世界的展开,而谈论"意义"就在于从不同社会之互动而生成的宇宙流程为"人类社会"的存在找到其"价值根据"。这种"价值根据"来自不同社会,尤其是人类社会之于其他社会或"人类社会"内部不同"族群间"复杂化关系形态,因为"在任何一个宇宙时期,都有确定的一类支配性社群具有某种有序的相互联系。还有一种不可能归于任何社群的无序机缘的混合体。但是鉴于任何一个宇宙时期都具有巨大的广阔范围,因而我们实际上要涉及无穷无尽的事例,所以就需要采取某种取样方法,它依据实例的本性而不是任意采取的"。[①]"支配性社群-无序混合体"间关系互动使"宇宙流程"始终处于"有序-无序"相互转化过程,人类社会也是如此。

历史地看,我们所继承的总是"有限区域"内已然如此的情形,即我们所继承的总是已处于"创造性进展"中的当下宇宙时段。"既然存在着创造的形式,我们就需要理解宇宙的统一如何需要其杂多,无限性如何需要有限的事物。我们需要理解每一直接当下的存在如何需要它先于自身而存在的过去,如何需要作为其存在自身的本

[①] 怀特海:《过程与实在》,李步楼译,商务印书馆 2012 年版,第320页。

质要素的未来。……直接的有限存在就以这种方式守护了它向无限的扩展,因为这是其自身的一种内在关系。……在当前的事实中存在着被部分再现、部分排除的过去事物的一些特征;也存在着被部分共享、部分排除的当前同时发生的事实的特征;还存在着被部分地预备、部分地排除的指向未来的可能性。对当前事实的讨论如果不要指涉过去、同时性的现在和未来,也不指涉对创造形式的维护或毁灭,就等于剥夺了宇宙的本质意义。没有内在关系,意义的存在就是微不足道的。"[1]就意义问题论,"一与多"关系变化离不开关于"演绎逻辑"的思考,而强调"演绎逻辑"事实上是以"外在关系或规律"解释"内在关系或规律",即"多所以需要一"属于外在因素,即有限区域内某一社群所以处于"支配性地位"不是因该区域内多个不同社群相互关系的结果,而是外在于"该区域"之某社群力量所使然。这种支配过程需要就此过程予以解释说明,而"演绎逻辑"之展开就服务于这种解释。但"多与一"关系显然还存在另外解释模式,为"演绎逻辑"所说明的作为"规律的一"是外在的,它无法说明内在于"当前事实"中"部分再现、部分共享与部分同时被排除"的复杂动态过程,而生成于这种动态过程的可能的"规律"则需借助

---

[1] 怀特海:《思想方式》,韩东晖、李红译,华夏出版社1999年版,第76页。

"归纳逻辑"予以说明,因为"一种归纳的论证总包含着一个假设:作为思考的主题的环境包含着一个由现实机缘组成的社群与现在的一个社群相类似。但是,类似的社群要求它们的机缘有类似的材料,而类似的材料只能由类似环境所造成的客体化而提供。但是自然规律是从支配着环境的这些社群的性质中推引出来的,因此,支配着有关环境的自然规律与支配着直接环境的那些自然规律总有某种类似性"。[①] "直接环境"与"有关环境"间区别如下:直接环境是最初的种群与其所内在的自然环境,动物种群只是被动且无反思地生存于对直接环境(自然)的依赖中;而人类种群却在其自身演化进程中逐渐从对"直接自然"的依赖中脱身而出,在对"直接自然"予以改造的同时创造适合自己"生存(生活)"的更为适切的环境(客体化)。

其实无论动物或人类种群之代际演化都存在对其所依存环境的继承过程。上一代种群与环境间关系互动而生成的"相关环境"(客体化)对于下一代种群来说就属于"直接环境",而在"直接-相关环境"历史性演化的这种模式中重复出现、具有价值的某些样态经"归纳逻辑"的使用就可能成为"规律"。当然"该规律"是否会成为"规律"

---

① 怀特海:《过程与实在》,李步楼译,商务印书馆 2012 年版,第 319 页。

还要在"经验过程"中予以检验,而"检验"即对规律之阐释能力的具体运用,或具备阐释能力的"重复模式"与"相关环境"间的适应度测试。"演绎逻辑"之"解释效果"主要源自先验"解释模式"的"逻辑自明性",而归纳逻辑之"解释效果"的获取及其"历史自明性"的显现却需对处"有限区域"中的任一"现实机缘"与其相关环境间的关系变化作出有效应对。"(1)每一个现实机缘在其自身建构的基础中都有它赖以产生的环境;(2)由于环境的这种功能是从无限多样的确定性形式中作出的抽象,因而便获得了对所保持的各种要素的协调一致的经验;(3)任何属于确定物种的现实机缘都需要一个适合于该物种的环境,所以设定一个物种就包含着设定这有关的环境;(4)每一个归纳判断和每一个或然判断中,都或隐或显地地设定了一个或多个现实机缘的种类,包含在有关的情境中。所以,根据(3)就包含着设定某种一般类型的环境。因此,一切或然性和归纳的基础就是所设定的环境和直接经验到的环境直接的类似程度。"[1]既定环境与内在于该环境中之不同实有间是相互构成关系。正是不同实有间的动态关系过程构成关系中的实有所依存的直接环境,因此对于环境的说明就是对与该环境相关的不同

---

[1] 怀特海:《过程与实在》,李步楼译,商务印书馆2012年版,第321页。

实有间关系的分析。这不但预设了"设定环境"与"(直接)经验环境"间的类似性,也使与之相关的"归纳判断"具有了"循环论证"特征。

随着新"现实机缘"及相关环境中"新颖性"出现在对"循环论证"提出挑战的同时,也使"归纳判断"有向"或然性判断"过渡的可能,怀特海认为部分"或然性判断"是以"统计学"为基础的,此外还有部分"或然性判断"并不具有"统计学基础"。"我们一定不能认为这些非统计性的判断具有任何宗教性的意义。……上帝在世界中作用的概念应当成为非宗教意义的世俗化的概念。……当然上帝的概念是宗教感情中的一个根本的要素。但反过来说就不对了;宗教感情的概念并不是上帝在世界中作用概念的一个根本要素。在这方面,宗教文献一部分通过它的吸引力,一部分是通过它的排斥力,令人遗憾地误导出了哲学理论。"[①]引文中"哲学理论"的理解需把握"宗教的哲学"与"宗教哲学"间的差异,"宗教的哲学"服务于具体宗教信仰并为其存在提供合理化论证,而"宗教哲学"则是对具体宗教信仰的超越,其视宗教之存在为一种历史文化现象,因此对于具体宗教本质的理解,尤其宗教不同发展阶段的理解就必须回返到其所以发生的现成的物质

---

① 怀特海:《过程与实在》,李步楼译,商务印书馆 2012 年版,第322 页。

世界中,这正是"神学哲学化"逻辑展开的历史动力所在,否认"神学哲学化"逻辑的历史必然性,人类文明进程所需要的"宗教理性化"也将难以开展,那么人类也将继续受限于"神秘主义"制约之中,而理性化则是抽象的反转与对经验在世界认知中作用的确认。

1.3 从公共阐释到文明化宇宙

怀特海认为"哲学是对前提的探究,而不是从前提出发的演绎。……演绎逻辑并没有习惯上承认的那种强制性的优越。当用于具体事例的时候,它只是一个暂时的试验性质的办法,最终还要由结果的自明性来判定。这样,我们就把哲学置于实用主义的基础之上了。但对实用主义(pragmatism)的含义必须作最宽泛的理解。……因为实用主义仅仅诉诸在文明经验中肯定自身的自明性。因此实用主义最终要求的是文明的广泛自明性,或者说自明性一词的意义就是'文明'。"[①]除詹姆士外,怀特海对杜威实用主义推崇备至的原因在于二者对"经验"在认知与构成世界过程中作用的高度认同。因为对世界的经验不仅仅是去看或思考,去经验世界就是在世界中生活,所以说"有经验"即等同于经验者已经对其生活于其

---

① 怀特海:《思想方式》,韩东晖、李红译,华夏出版社1999年版,第95—96页。

中的世界及其结构有了"切身"体验与认知。而经验世界的过程就是靠近、揭显那世界结构且对之予以主动适应的过程,这就使对经验的理解须同时将"经验者"在其具体经验过程所生成之主体、客体对象及"经验者"身心等方面的活动予以综合整理。

因此重要的是分析经验过程,因为"世界及其多样性构成"就是在对"经验过程"的分析中被揭示的,而所谓"文明的广泛自明性"即对世界多样性本质及其联系的揭示,这种揭显的可能源自"身体"的中介功能。"我们和我们的关系是存在于宇宙中的。哲学的起点是要确定经验的那个方面,它最完整地展现了存在的普遍必然性。……'身心'的统一体是构成一个人的明显的综合体。我们身体的经验是生存的基础。……我们对身体的整体的感觉是基本的经验。……身体是我们情感和意愿经验的基础,……身体是自然的一部分,它使人的经验在每一时刻都与自然密切协调。在身体的实存和人的经验之间存在着要素的流入和流出,因此二者相互分享着各自的存在。"[①]"身体"的去中介化使身体成为自然社会与人类社会间能量转换的通道,而"心或精神"之自发性协调功能使"哲学对自明性"的追求呈现出"逻辑自明性""历史自明性"而"美学自明性"生成过程。

---

① 怀特海:《思想方式》,韩东晖、李红译,华夏出版社 1999 年版,第 103—104 页。

在上述三种自明性中,"历史自明性"既充当着"逻辑-美学自明性"的中间环节,也因"历史自明性"逻辑现实化而开启的"身体-社会历史过程"成为宇宙文明化过程所依存的容所,进而使"逻辑与美学间相关性"成为哲学话题,因为"二者都关心对由诸要素的相互联结而形成的结构,即许多细节相互作用而产生的一个整体。意义产生于对一和多的相互依赖性的生动把握。如果对立中无论任何一方陷入背景之中,逻辑和审美的经验就显得不重要了"。① 黑格尔哲学体系属于"逻辑自明性"对于"美学自明性"的涵摄,这种涵摄使得"历史自明性"被遮蔽。而在其世界历史场域中展开的"世俗帝国-精神帝国"对立只是其"绝对精神"自我内在矛盾的外化而已,因为"逻辑使用符号,但仅作为符号而已。……逻辑的理解是使那种抽象的统一性成为可能的对被抽象出来的细节的享用。当这种享用发展时,所显示的就是构造的统一性。……美学的享用则与此相反。……这里整体先于细节。……在美学中所存在的是揭示其组成部分的整体性。在欧洲思想史中,美学讨论几乎完全毁于强调具体细节的和谐。……伟大经验的本质在于向未知的、未经验的领域的渗透"。②

---

① 怀特海:《思想方式》,韩东晖、李红译,华夏出版社 1999 年版,第 55 页。
② 怀特海:《思想方式》,韩东晖、李红译,华夏出版社 1999 年版,第 55—56 页。

美学享用与"精神的协调"作用相关,这种协调的可能使"世界多样性联系"向着"明晰、秩序和善"的方向演化。"美学经验中的三个主要方面:对天赋的感觉、对揭示的感觉和对断裂的感觉。……我们还保持着事实的三个方面:对统一性的经验、对多样性的经验和对转化的经验。我们也辩明了对经验进行划分的三个主要根据:明晰与模糊,秩序与混乱,善与恶。……思想者如何对待这四种经验方式,决定了哲学的面貌及思想对生活实践的影响。"[1]一定秩序生成于多种秩序互动,多种秩序间互动必然导致"支配性社群"与"无序混合体"同时性共存与复杂互动,这就需对使秩序(反秩序)所以可能的差异化"联结方式"予以分析。

第二节 联结、过程形式与生命共同体

1.1 联结与过程形式

怀特海认为"秩序的形式也总是如此:一部分是主导的,另一部分是断裂的。秩序从来不是完全的,断裂也是如此。主导秩序之内存在着转化,也存在向新的主导秩序形式的转化。这种转化是一种占优势的主导性的断

---

[1] 怀特海:《思想方式》,韩东晖、李红译,华夏出版社1999年版,第77页。

裂,但这也是激起生命奋发的活泼的新奇性的实现。生命的本质体现在现存秩序的失败中。宇宙拒绝完全齐一性的令人窒息的影响。当它这样做时,就走向了新的秩序,因为这是具有重大意义的经验的基本需求。……如果没有对历史过程特征的某种理解……我们就无法体验到经验的合理性"。[①] 没有恒定的秩序,一定秩序中也没有恒定的模式,有的是多种模式的共存与争竞。而一定社会中"支配性社群"或"主导秩序"都是相对、处于转化过程中的,需要予以"解释的是寻求秩序的倾向——这是我们经验中压倒一切的决断(deliverance),我们还得解释秩序的断裂,以及在任何特殊的秩序形式中的必然性的丧失"。[②]一个成熟且处于自我演化历史过程中的社会体之可能与众多互为条件的同时性存在"联结方式"相关,正是众多联结方式的互动使得作为"生产性关联总体"的社会体处于历史性的生产与再生产过程中,而"联结"就生成于社会生活所需要的众多事态关联中。"一系列现实事态由事态的相互内在性而统一起来,每一个存在于另一个中,就它们是统一的而言,它们相互之间有约束。……除了同时性事态,一个事态存在于另一个将来

[①] 怀特海:《思想方式》,韩东晖、李红译,华夏出版社1999年版,第79—80页。

[②] 怀特海:《思想方式》,韩东晖、李红译,华夏出版社1999年版,第80页。

之中。所以,根据动力因果性模式,较早的内在于较晚的;……根据期望模式,较晚的内在于较早的。一系列事态结合成一个整体,它被称为一个联结。……当联结的统一体具有重要意义时,各个类型的联结就会出现,它们分别被称为区域、团体、个人、永久客体、身体物质、生命组织、事件以及有关自然具有的各种复杂差别的其他相似术语……"①以作为社会基本细胞的"家庭"及"家族(家庭之扩大)"生产与再生产为例,"动力因果与期望模式"就因"血缘联结"的社会性生产与再生产需要而存在于"家庭(族)"历史演化过程中,由"家族"、家族联合而"部落"、"部落联合体"与"国家"之历史性生产同时将"物质生产"、"精神生产"及"组织生产"等多种"社会联结"方式卷入"有限区域"社会历史世界中。

作为实存,无论是"家庭"、"部落"或"国家","所有实存都包含着从事实性材料派生出来的形式的实现。它既是性质的结构,又是结构的形式。结构的形式所规定的是那些在材料中如此实现了的形式如何进入结构的有限过程,从而既有所实例化(exemplification),亦有所弃取地获得新的实存。过程的形式所处理的是材料的复杂形式,并使之产生完成了的新的实存。但是任何实存都不

---

① 怀特海:《观念的历险》,洪伟译,上海译文出版社2013年版,第186—187页。

是静态的事实。宇宙的历史特征属于其本质"。① 伯罗奔尼撒战争期间希腊城邦社会包括"君主、贵族与民主制"等在内的"政治联结"之历史性演化就是对"过程形式"内涵的极佳说明,即任何过程形式都是"一个结构的过程,一个等级化的过程,一个消亡的过程。成为实存的过程中的每一个细节都包含了与其他细节相参照的自身的等级化"。②作为社会"政治联结"有效手段,"君主制"必须进入希腊城邦社会的复杂关系过程并在与"贵族制"和"民主制"间相互对抗与合作的过程中才能彰显其模式之优劣所在,而"贵族制"和"民主制"对"君主制"的历史性替代也是生成于城邦社会政治斗争过程中,彼此各有优劣而没有哪一种制度可恒久处于支配性地位,因为"联结系列这一术语并没有预设任何特殊类型的秩序类型,也没有预设任何遍及其成员的秩序,而只是预设相互内在的一般形而上学的义务。事实上宇宙的目的论,其目标是强度和多样性,产生了带有各种类型秩序的时代,这些秩序支配着从属的相互之间交织的联结系列。"③秩序类型

---

① 怀特海:《思想方式》,韩东晖、李红译,华夏出版社1999年版,第81—82页。
② 怀特海:《思想方式》,韩东晖、李红译,华夏出版社1999年版,第81页。
③ 怀特海:《观念的历险》,洪伟译,上海译文出版社2013年版,第190页。

之"多"之有机关系与希腊城邦社会之"一"之"动态演化"因伯罗奔尼撒战争所生成之历史实践过程而得到最为活泼的展视,也支撑着作为怀特海哲学逻辑框架之一"形而上学-宇宙学逻辑"的历史性展视;随着伯罗奔尼撒战争的结束,"希腊社会"城邦政治模式间的竞合过程也走向终结,但随后而生成的"希腊化过程"却将该"政治联结系列"扩展到希腊之外的世界,这就说明"联结系列可以在时间和空间上扩展自身。……如果联结系列纯粹是空间的,那它就不会包括成对的事态,即其中之一比另一个在前,联结系列的事态之间的相互内在性也就成为符合同时性事态的非直接性的类型。也就是这一原因,外在性的观念支配着我们对空间的直觉。如果联结系列是时间的,那么它也不包括成对的同时性事态,它将成为从一个事态到另一个事态的纯粹的时间转换的主线。时间转化的观念永远不可能完全摆脱'因果性'的观念,而后者的观念仅仅是考虑过去直接内在于将来的特殊方式"。①"外在性"观念的生成与关于"联结系列"时间层面特征的认知缺乏相关;过于强调"联结系列"时间性存在而罔顾其"空间层面特征"会导致历史性延展中"因果性倾向",进而使"传统"成为一种支配性存在。

怀特海"因果效验"观念内涵说明既没有纯粹空间层

---

① 怀特海:《观念的历险》,洪伟译,上海译文出版社2013年版,第190—191页。

面的联结系列,也不存在纯粹时间层面的联结系列,真正存在的是使希腊社会"自我同一性"得以生产与再生产,超越差异化地理联结、经济联结及政治联结系列等渗透于希腊神话、戏剧及城邦宗教中起"精神纽带"作用的文化传统。"一个社会的自我同一性建立在其确定性特征的自我同一性之上,建立在事态的相互内在性之上。除了一个社会完全属于过去时,不会有潜在于该社会之下的联结系列。因为潜在于社会之下的已实现的联结系列总是对自身进行添加,并伴随着创造性的进展进入将来。"[①]"已实现的联结系列"的自我添加源自"联结的自我创生",根据怀特海,只要社会存在,就有连续的联结系列,每个联结系列是直到其存在阶段的完整实现的社会。而"对一个给定社会而言,这一连续的联结系列的各个组成部分的广延模式也许是不同的。在这一情况下,一旦广延模式各不相同,它们不可能是社会确定特征中的任何因素。但各个连续的联结系列的广延模式也许是同一的,或者至少它们具有这一模式的某种共同特征。在这种情况下,共同模式或共同特征可以成为我们所讨论的社会的确定性特征中的一个因素。"[②]"联结系

[①] 怀特海:《观念的历险》,洪伟译,上海译文出版社2013年版,第193页。
[②] 怀特海:《观念的历险》,洪伟译,上海译文出版社2013年版,第193—194页。

列"除血缘、情感及地域等联结方式外,还包括使作为"广延连续体"而存在的"希腊社会"历史性再生所可能的文化传统或抽象化精神纽带。

这就意味着:第一,"社会"与"现实事态"是两个层面的概念,"社会"拥有自身历史,而"现实事态"只有形成与衰亡,而形成与衰亡中的"现实事态"处于相互内在性中。显然构成给定社会之"自我同一性",使其"自我同一性"得以延续的为该社会所属的"确定性特征"的自我同一性就与潜存于该社会中的"联结系列"有关,而"联结系列"之连续式"自我添加"则保证了该社会"同一形而上学"地位,因为以连续性"自我添加"方式促进已实现"联结系列"之"创造性进展"的必然属于观念形态的"联结系列",而"观念形态"的联结系列也处于相互内在性中。与"观念形态"相比,"现实事态"的相互内在除相互独立"同时性事态"外,便是同一事态间"过去、现在与未来"相互内在关系而形成的"事态系列"。"事态系列"可以是连续的,也可以是不连续的,而处于"相互内在"关系状态的"联系系列"及其自我添加则保证了处于演化进程中的社会及其"同一形而上学"地位的连续生成。第二,就可自我添加的连续性"联结系列"来说,其不同组成部分之广延模式或许存在差异,但彼此相互内在关系过程则使得该"联结系列"之连续性生成呈现出某种共同特征,也因此使该社会"确定性特征"得以自我添加。第三,作为一个完全的存在,社会因其同一形而上学地位的享用而拥有一种对可能变化作出有效应对的历史,这种应对即社会体的自我添加。添加即自我创生,这种"自组织、自协调与自创生"能力源自怀特海对于"理性功能"的强调。人类进步始终伴随着自身理性能力的进步,而该进步就体现在"意识层面"的非连续性进化方面,实质是人类关于自身客体性认知的进步。作为生命体的人自身是由"欲望、情感、理性与信仰"等四个不同因素相互关系过程造就的。"欲望"层面使得"人类"与包括动植物在内"非人类机体"享有了类似的机体生存方面的连续性关联,而"情感"层面则使人类有可能在超越"生存有限性(偶然性)"的同时超越"非人类(部落)中心"思维方面达成"生命总体(共同体)"的整全性认知,这种认知在促进"普遍性情感"生成的同时也使人类在"信仰"方面获得巨大突破。只是"由于各种无限复杂的要素构成了人类经验,形而上学说教和道德说教把某些要素提高到了意识因而增加了其有效性。因此,整个人类存在在根本上是受其信仰影响的"。[①]如怀特海所阐明的那样,人类关于"至高者"的解释是差异化的,诸如"耶和华、真主、梵天、在天之父、

---

① 科布、格里芬:《过程神学》,曲跃厚译,中央编译出版社1998年版,第27页。

天之道、第一因、最高存在"等解释[①]都是不同种群出于各自有限性而生成的适应自我生存体验的超越性表达,而超越类似差异需具备情感性包容与生命共同体意识。

1.2 包容与生命共同体

"生命共同体"意识的具备使得有可能对"至高者"内涵予以创造性阐释。怀特海认为"最高存在者的观念必须实际运用到构成过程的实存之上,这种实存并不局限于历史范围内某一特定时代的材料中。最高存在者的现实性是建立在其观念性的无穷欲求上的,并且其过程的形式就是在这种欲求与从世界过程中得来的材料的融合中产生的。它在世界中的作用就是保持生动经验这一目标。它是对潜能的贮存和完成的调整。其过程形式与过程所由初始的材料相关,其结果是统一了的结构,这一结

[①] 怀特海指出,只有精神将自己个体要求与客观宇宙的要求结合在一起时,生命的价值才能被实现,宗教由此被看成是对世界的忠诚,所以,"宗教经验就是从个体生命出发对世界存在整体价值关系的关切和叩问。个体的生命是有限的、必逝的……但这绝不是毫无意义和价值的。相对于个体的生命存在,天地自然是永恒的、无限的,它应该是个体存在价值的依托和赋予者。因此,有意识的人只有在精神上真诚地相信这种关联和结合,他的价值焦虑才能缓解和开释,他的灵魂才得以安顿于平和之中。"(曾永成:《向美而生的人——怀特海有机哲学的人学内涵》,四川大学出版社2021年版,第151页。)

构将其功能假设为在未来的历史世界中起作用的材料"。① 在怀特海对"上帝"之"原初本性""后继本性"与"超体"创新阐释而展开的历史化结构中,"概念极"与"原初本性"相关,而"物理极"则与"后继本性"相关。前者使世界由潜能而获得其现实性构造,而"后者"则使被构造的现实世界处于已然如此状况中。虽然关于"至高者"的阐释是差异化的,但至少"存在着一些被普遍经验的实在的特征,而且某些特征至少是宗教意义的问题,但不同背景(如宗教传统)中的人并没有自觉经验到这些同样的因素"。②这就需要协调,怀特海上帝观中作为"超体"的上帝就被赋予协调性功能:作为"世界的诗人","上帝"已由传统神学"强制且排斥性"形象转化为一种劝服性力量,其主要作用在于以"劝服"为手段推动世界由多样性存在而趋于"最终和谐"。

作为生命给予者,"上帝"使不同"生命形式"遍在于宇宙万物中,这就使"生命意识"同时遍在于由"社群意识"、"区域意识"而"宇宙意识"的生命流程中;流动的生命过程使"各种现实实有由于它们互相包容而相互涉及。

---

① 怀特海:《思想方式》,韩东晖、李红译,华夏出版社 1999 年版,第 85 页。
② 科布、格里芬:《过程神学》,曲跃厚译,中央编译出版社 1998 年版,第 26 页。

因此就有了共在的现实实有的实在的、个别的事实,这些事实是实在的、个别的,又是特殊的,在同样意义上现实实有和包容是实在的、个别的,又是特殊的。现实实有共在的这种特殊事实称之为'结合体'(其复数形式写作nexus)。有关直接现实经验的最终事实就是这些实有、包容和结合体。对于我们的经验来说,所有其他的东西都是派生的抽象"。① 历史过程中生成的"结合体"可能是暂时的,也可能是持久的,这就需内在于结合体中的不同实有间的相互包容而使"结合体"更为持久,也需要由"物理性包容"、"概念性包容"而"情感性包容"的逐步转换。其中"概念性包容"需要"信仰"层面的突破,突破的可能有助于"情感性包容"的生成,并最终使经验者"视域"在扩大且共享的过程中使"结合体"逐步生成为内涵"体验-理解-生命共同体"三个既相互内在,又彼此约束的具体共同体。而经由共享并逐步获取其"自明性"的世界也逐步还原到其现象学意义上的本然状态,其中事件与对象相关内在、对象与事件相互生成,从而使自然机体与生命机体在相互内在中被包容到总体宇宙流程中。其中"一个事件就是将位态模式摄入统一体的过程。一个事件在本身之外的有效性在于它的位态参与形成其他事件的包

---

① 怀特海:《过程与实在》,李步楼译,商务印书馆2012年版,第33—34页。

容统一体。……如果模式在事件的相继各部分中持续下来,并在全体中显示出自己,以致使事件成了它的生命史,那么,由于这持续的模式,事件就获得了外在的有效性。原因是它本身的有效性被相继各部分的类似位态加强了。这事件形成了一个模式化的价值,并且有本身各部分所传承的持续。正由于传承的持续性,该事件对环境的修正才具有意义"。[①]怀特海机体哲学对于"科学唯物论"的取代所改变的只是自然演化不同解释路径,物质及其能量转化过程作为一个执拗的事实依然内在于自然世界中,而能量转化在不同生命载体中的等级化展现也影响着对生命不同样式间关系变化进程的理解,因为"生命存在是行为的作用者,也是行为的接受者。"[②]"等级化"展现与不同生命形式在"受能-赋能/受力-施力/作用-反作用"等方面所承担不同功能有关,但"能量守恒"却使等级化展现之不同生命样式始终处于"动态守恒"过程中,这正是事件-对象关系展开所需之"位态"与位态之持续性存在而生成的"模式稳定性"所依存的环境。而"稳定的模式"的持续生成来自该模式"包容度"的不断扩大,不断扩大的"包容度"在使相互内在的不同"事件-对象"共在

---

① 怀特海:《科学与近代世界》,何钦译,商务印书馆 1959 年版,第 115—116 页。
② 怀特海:《观念的历险》,洪伟译,上海译文出版社 2013 年版,第 113 页。

于该模式中的同时也使模式自身的生命力获得不断生长,进而对其周围世界产生了潜在的影响。

此外,"正是由于这种模式的持续性,时间才和空间分离了。这模式在空间中说来是现在的,这种时间上的决定便构成了它对各部分事件的关系,因为它在本身生命过程的这些空间部分的时间连续上被重复地产生出来。……也可以说,每一个持续的客体在自然中发现并要求自然给予一个原则,将空间与时间分开。除开持续模式这一事实以外,这一原则也还是存在,但却只是潜在的,而且是无足轻重的。所以时间相对于空间的意义和空间相对于时间的意义,由于持续机体的发展而发展起来了。持续的客体表示空间在组成事件的模式上和时间发生了分化。反过来说,空间在组成事件的模式上和时间发生分化,就表示事件对持续客体的共体容忍性。共体没有客体可以存在,但持续客体如果没有对它们具有特殊容忍性的共体就不可能存在。"[①]虽然不同机体间是相互内在的,但不同机体有自身不同的生存模式,不同模式生成不同"时空广延连续体",并因能量转化过程的等级化过程而生成不同"主-客关系"的同时也因守恒需要而生成持续性的"客体中的'我-客关系'",该"客体"即作

---

① 怀特海:《科学与近代世界》,何钦译,商务印书馆 1959 年版,第 116 页。

为永恒客体而存在的"宇宙总体/共体"。而某机体及其模式生命力的持续生长并不意味着对于别的机体模式的取代,不同模式可共存的前提是作为客体化存在者"宇宙总体(共体)"的恒久存在;"宇宙总体"在其生命演化进程中生成为具有无限边界"容所"的同时也因不同生命样式差异共在而展现为"生命共同体"。

1.3 死亡与不朽

怀特海指出,"哲学态度是一种坚决的尝试,以扩大对每一个逐渐成为我们当前意识的概念之应用范围的理解。……哲学的用处就在于使阐明社会系统的基本观念保持一种活泼而新鲜的特性。"[1]哲学的目标在于促进人内在理性的觉醒,从而促进神秘主义的理性化。而理性的功能主要在于协调,目的在于使社会系统基本观念保持活泼,并使内含于"总体宇宙"中六个尺度不一的"社会系统"间始终处于相互包容状态,其中对于"人类中心主义"的消解是至为重要的,而超越人类中心主义则意味着人与自然关系过程的协调,而超越"历史终结论"则意味着东西方文明关系协调的可能性;成功的协调既意味着"神秘主义理性化"及"神学哲学化"逻辑的展开,也意味

---

[1] 怀特海:《思想方式》,韩东晖、李红译,华夏出版社1999年版,第151—154页。

着对"形而上学与人类"关系的反思。"灾难性的形而上学的物理原则被动地阐释各种物质,并没有自我享受,这是由于'现象'在经验构造中的地位所造成的。当清晰性和分辨性被用来测定形而上学的意义时,便包括了对现象的形而上学地位的完全误解。"①用"清晰性和分辨性"来测定形而上学的价值所满足的是人们当下、局部价值追求。而对"形而上学现象学"地位的准确把握使人们有可能摆脱传统形而上学"虚假承诺"的同时直面自身不足。所谓独立自足"主体"是虚幻的,因为用来支撑"主体"的身体是有缺陷的。"作为综合和增强感觉的工具,身体产生的感觉很少涉及呈现绵延的实在状态,就这个意义上说,身体是有缺陷的。"②我们用眼睛看却看不到,用心去体会却因"身心"分离而难以周全,试图去对话却往往为自身概念范畴所拘约而陷入自说自话困境;怀特海过程哲学试图对此予以超越,过程哲学因倡导不同实有间"内在关系"过程而使"身体缺陷",乃至生存有限性(偶然性)得以缓解。处于流变中的"事件-生命史"过程使处于关系状态中的前一实有在机缘 M 中经"客体化"而成为当下实有的材料,当下实有又成为"未来实有"的

---

① 怀特海:《观念的历险》,洪伟译,上海译文出版社 2013 年版,第 201 页。
② 怀特海:《过程与实在》,李步楼译,商务印书馆 2012 年版,第 281 页。

"客体材料",因此形式上相互外在的不同实有不但在功能上处于"相互内在关系"过程,也使"呈现绵延"的实在状态予以凸显。

过程哲学认为,现在的宇宙时期中只有一种绵延包含所有 M 的直接现在;这个唯一的绵延便叫作 M 的"呈现的绵延";"但是 M 本身存在于许多绵延之中;每一个包含 M 的绵延也包含 M 的呈现绵延的某些部分。……对于任何一个现实机缘 M 来说,需要考察以下三种不同的机缘结合体:(1) M 的同时性机缘的结合体,它规定这一结合体的特征是,M 和 M 的任何一个同时性机缘的发生都是在因果上相互独立的。(2)包含 M 的绵延;绵延中的任何两个成员都是同时性的,任何这种绵延都是通过这种特征来规定的(由此可得知,这种绵延中的任何成员都是与 M 同时性的,因而所有这样的绵延都包含在 M 的位域之中。绵延的这种独特属性就称为'生成的一致性')。(3) M 的呈现位域,是以表象的直接性方式被感知的同时性结合体,与感觉质规定的区域相联系。"①"因果独立"属于"同时性机缘结合体","因果效应"则生成于由"M 同时性机缘结合体"而"包含 M 的绵延"历时性流程中,二者以身体为中介而被结合在 M 的当下呈现位域中。虽然"表象直接性"是以身体感官为中介对同时性世

---

① 怀特海:《过程与实在》,李步楼译,商务印书馆 2012 年版,第 197 页。

界的感知,但这种感知并非纯粹物理性的感知,经验主体在对周围世界予以物理性摄入的同时也伴随着相应概念性评价与情感性包容,其目的在于通过"生成一致性"而达成阶段性合生。怀特海认为,"宇宙学的叙述,在其每一部分每一章都关系到静态的观察与动态的历史之间的交互作用。但是整个宇宙学的故事都是由实在的事物的主体性合生过程的说明构成的。"[1]这种"主体性合生"的可能需要等级更高的现实机缘,而 M 的呈现位域为处于该位域中的不同经验者"视域共享"提供了可能;视域共享的过程同时也是"身体效应"与"因果效应"共同作用的过程。"身体效应"有助于个体主体身体缺陷的弥合,而"因果效应"则有助于个体主体生命价值的确认。重要的是,因"合生"而可能的"群体或类主体"视野的具备在促进人类理解的同时也提供了一种坚实的"知识承诺",理解的核心是价值问题。没有理解的进步,人类文明的进步是不可想象的。一定的思维方式影响或决定着相应的生活或行为方式,"若没有认识与被认识者之间(即'知识'或'理解'与其'内容'之间)相互一致的自明性,知识承诺将仍然是完全空洞的。"[2]逻辑上说,"自明性"的最终

---

[1] 怀特海:《过程与实在》,李步楼译,商务印书馆 2012 年版,第 262 页。
[2] 菲利普·罗斯:《怀特海》,李超杰译,清华大学出版社 2019 年版,第 125—126 页。

生成需历经"逻辑自明性"、"历史自明性"而"审美自明性"三个阶段。超越"逻辑自明性"而达成"知识"与"内容"间一致要求超越学科的界限,超越"历史自明性"达成"知识"与"内容"间的一致则要求历史叙事摆脱区域性范式的"循环阐释",而"审美自明性"的达成与个体对自我生存的有限性与偶然性的敏感有关,这种生命意识促使个体对自我与他者(社会与他人)关系进行主动调适。"人们几乎普遍假设,专门化的增长让关于环境内在关系的预设不受影响,这些内在关系曾对其初始阶段是充分的。难以理解的是任何具体主题的扩张彻底改变其整个意义。当一门科学的主要内容得到扩展时,它与世界的相关性就会收缩,因为它预设了一个更为严格限定了的环境。环境的定义恰恰是被从特殊抽象中忽略了的东西。这种定义不太切题,因为它需要理解事物的无限性,但这是不可能。我们所能做的是形成一种抽象,预设相关性并在这种预设中推进理解。"[1]原初目的在于解释世界的科学却往往生成使世界窄化的结果,这种结果与科学通过解释具体"事例(instances)"进而试图把握自然规律的初衷相悖反:世界的窄化在使科学远离经验世界的同时也陷入对逻辑自明性的盲从,故而科学乃至理解的

---

[1] 怀特海:《思想方式》,韩东晖、李红译,华夏出版社 1999 年版,第 50—51 页。

进步需要重建生命与环境的相关性,对于生命的理解离不开对于环境及生命与环境关系的理解,而理解的进步则体现出自由度的提高;生命存在本身就是对宇宙重复机制的一种冒犯,人的自由只不过是一种更复杂形式的冒犯,一种克服与超越自然规律统治的努力。因为对生命体来说,死亡是一件不可逆转的事实,或者说生命体大都处于趋向"死亡"过程中,没有哪个生命体可以超越生死循环。

但人与别的生命体的差异在于他并非消极地面对其肉体的可能的消亡。对个体来说,既然"死亡"是一件将要到来,但依然还没有到来的事件,那么他就将"死亡"这个不可逃避的"事实"转化为一桩面向未来的"筹划",在与随时而到的"死亡"的照面中因为本体层面"自由"的获得而超越了生存有限性。"自由并不与自然规律相一致,而是对自然规律的克服,对新的行动可能性的引入,这使人摆脱了习惯的束缚。自由是力量,但它不仅仅是支配或控制的力量。相反,它是自我建构的力量、决定的力量和目的统一性的力量。"[1]这种"自由"即立足于"自协调与自组织"基础上的"自我创生"。个体无法改变死亡,也无法预知死亡的到来,个体唯一可做的即为死亡降临之预备而"在场"于当下生命流程中,这种"在场"属于价值层

---

[1] 菲利普·罗斯:《怀特海》,李超杰译,清华大学出版社2019年版,第112页。

面对"生命共同体"的"先期置身",结果是个体因此而被接纳于由"过去、当下与未来"意义延展而生成的"广延连续体"中。"对当下主体而言,过去存在的价值在于要求其去行动、去做决定进而解决当前所遭遇问题的态度,因此当下活动是对过去成就的一种回应,而新世界正始于当下与过去间合生的完成,过去经验与经验主体当下需求间存在一种情感上的关联,这就既决定了主体性的形式,也决定了主体处理其过去经验及当下幸福间关系时的具体情感;若这种理解可接受,那么历史就是熵变的历史,新主体以忽视那些烦扰物事为手段而在尽可能直接清除有碍于自身满足之威胁的同时也将自身努力方向与那些易于获取的机会联系起来,这意味着对于过去的极大依赖,而这种战略无疑会使后来者所获致的成就愈益稀缺。幸运的是,这并非世界全部真相:就极小值论,事物演化进程中存在的熵减正是较高秩序已然获取成就的说明,在我们这个星球的生物圈,尤其人类活动区域中,自然转化过程始终伴随着自我意识的日益增长及个体化和社会秩序等重要形式方面的演化。"[1]所谓"历史即熵变历史"即文明演化过程中涉及的自然环境与系统间熵量

---

[1] George R. Lucas, JR. ed: *Hegel and Whitehead: Contemporary Perspectives on Systematic Philosophy*, State University of New York, Albany, 1986, P315.

的变化，系统进化需对外在环境予以"摄取"，而环境因此对进化系统所付出的投入即系统进化所获取的效果，此即所谓"较高秩序"已然获取的成就，即系统成功进化主要体现在自身有序性和组织程度方面的提高；不过这种提高之可能在于"负熵流"之获取，而进化系统"负熵流"的获取以自然环境中别的系统"熵增"为条件。因此看似具破坏效应的"熵"却具有建设性作用，而进化系统的成功则主要地呈现为以"个体化或社会秩序"等形式出现的"新主体"，而这就是所谓"自协调与自组织"基础上的自我创生。因此若生命存在本身是对宇宙重复机制的一种冒犯的话，那么这种"冒犯"主要地源于因对宇宙总体运化规律之觉知而生成的积极主动的自我调适行为。人类不可改变宇宙自身规律性运化，但人类可以自我调适为手段，并在改变自己行为的实践过程中为自己创造更具意义感的未来，而这恰恰就是"上帝"之于人类生命的价值。"上帝的抽象现实，即作为完美原则的'至高者'在不断呈现自身的过程中也在形而上学意义上以熵变的反作用力存在：上帝的原初本性，在主动与其给定语境特性相适应的同时也被栖居者以给定语境所要求的视角所感知，从而为世界的更新提供可能：这种可能主要在于理念的指引，对该理念的认同会使主体有可能摆脱对过去想象与成就的依赖而获取自由，对该理念神圣性的经验当然允诺了主体向更高级理想迈进的自由。"[1]作为"熵变反作用力"而存在的上帝主要是指其"后继本性"继续作用于历史中的上帝；上帝"原初本性"与"后继本性"间关系则是前述"宇宙创生"与"持续创生"间关系，而上帝之抽象现实则在"宇宙创生-持续创生"所生成的文明化进程中具体化为"超主体-主体"互动，"主体"在作为"超主体"而存在的更高级理想导引下在不断突破局限的同时也实现了"自我创生"，从而使自身生命价值得以拓展。

在《思想方式》中怀特海曾说苏格拉底哲学同时具备"批判性与建设性"特色，而他自己哲学建构无疑也具备类似特征。从早期"自然哲学"开始，中经"机体哲学"之系统性发展而在后期以"生命美学"收工，既有对西方后现代主义"历史虚无"嫌疑的超越性批判，也因与西方哲学形而上学传统在话语层面的主动对接而使西方哲学形而上学传统得以重建，也因此开启了"经验形而上学-在场形而上学-价值形而上学"间历史性互动。这种互动正是在文明演化进程中人类对"自身、他者与整体性（totality）"彼此互动关系的把握，这不仅使怀特海哲学超越了"欧洲中心论"，也摆脱了西方哲学传统中存在的对于

---

[1] George R. Lucas, JR. ed: *Hegel and Whitehead: Contemporary Perspectives on Systematic Philosophy*, State University of New York, Albany, 1986, P316.

"人类中心主义"的迷恋,也使怀特海哲学"建构性特征"得以彰显,从而使怀特海哲学区别于同时期其他西方后现代思想家的同时也和中国哲学在精神层面达成一定程度的沟通与契合,当然这也是国内学者不断回到怀特海哲学文本的终极原因所在。

后 记

记得应该是2020年7月左右在与崇文一次聊天中,崇文告诉我潘知常先生领衔主编"西方生命美学经典名著导读丛书"并建议我受领怀特海《思想方式》的写作任务,我没有任何犹豫就接受建议并在随后与潘先生取得联系,关于这个小册子的写作也从那时就进入文献阅读与提纲规划过程。客观地说,《超越之美与创生之乐:怀特海〈思想方式〉导读》一书的写作对我而言不仅是个机会,更是个挑战:就机会而言,导读写作于我只是与怀特海再续前缘而已,而"挑战"则是实实在在的。作为原创哲学家,怀特海《思想方式》一书包括"创造性冲动(意义、表达与理解)""活动(内在关系、过程形式与文明化宇宙)""自然与生命(无生命的自然、有生命的自然)"及"结束语:哲学的目标"等四编,因此《超越之美与创生之乐:怀特海〈思想方式〉导读》既是《思想方式》一书的导读,也是怀特海哲学生涯的回顾性导读;而全书结构也因此分为"绪论、怀特海自然哲学、机体哲学、生命哲学/美学、《思想方式》与共同体意识"五部分组成,既有对怀特海哲学生涯的过程性解读,也包括《思想方式》一书的集中性分析,应该说达成了原初目的。

现在看来,《超越之美与创生之乐:怀特海〈思想方式〉导读》一书的写作更像三年学习思考怀特海哲学思想的一次回顾性总结。三年的学习过程既包括对于怀特海哲学思想的逐步深入,也包括由文本阅读而延伸的关于"生命自身"及其价值的思考,而这样的思考又免不了与宗教粘连在一起,并逻辑地与比较宗教学、宗教现象学等不同学科勾连起来;立足怀特海"理性宗教"观,可发现"比较宗教学"仅具有方法论层面的价值,而"宗教现象学"则告诉我们作为一种历史文化现象的宗教将始终伴随着人类文明的演化进程,因此一方面对于宗教,尤其具体宗教现象的理解需要回返到其所以生成的具体历史文化语境;另一方面,人类文明演化进程始终与人类理性程度之提高相同步,其中之核心要素即"宗教理性化"逻辑的逐步推进,而其应然结果即超越具体宗教而回归"宗教之为宗教"本质规定性那里;正如怀特海所理解的那样,宗教是对世界的忠诚,任何执着于自身特殊性的宗教终将解构于自身的偏执。换句话说,不同宗教只是立足差异视角对生命现象的差异化解释;怀特海"生命美学"所倡导的则是以超越差异化宗教为前提而回归"整全生命(万物一体共生)"或"大生命流",其中所蕴含的则是一种自觉的"生命共同体"意识,这种"万物一体共生"生命意识既渗透于怀特海自然哲学阶段,也在怀特海主要著作《过程与实在》之得到全面贯彻,而在后期则以"生命解释学"的方式继续显化于《思想方式》章节结构中,该逻辑过程也在《超越之美与创生之乐:怀特海〈思想方式〉导读》一书中得以具体化;当然三年的学习、思考与写作过程于我个人而言也是一次关于生命价值的再认知过程,其中既有在场于因新冠肺炎突发事件而引发的惊悚,也有经历后的释然,更有因友朋突然辞世带来的关于"俗世生命"的反思,而每及此则不由自主地进入《导读》一书相关章节的写作与修改过程,这样的思维习惯也一直延续到本书"后记"写作过程中。

是为记!

车凤成

于北方民族大学

2023 年 8 月 31 日